COLLECTION
FOLIO BILINGUE

Robert Louis Stevenson

Olalla

Olalla

*Traduit de l'anglais
par Pierre Leyris*

*Traduction révisée, préfacée et annotée
par Alain Jumeau*

Gallimard

PRÉFACE

*L'écrivain écossais Robert Louis Stevenson (1850-1894)
est connu comme un maître du roman d'aventures, grâce
notamment à* L'Île au trésor *(1883) et au* Maître de
Ballantrae *(1889). Mais il a aussi la réputation d'être
un virtuose du genre fantastique, obsédé par les personnages menant une double vie ou capables de dédouble-
ment de la personnalité, comme on le voit, par exemple,
dans* L'Étrange Cas du Dr Jekyll et M. Hyde[1]
*(1886). Autant dire que son registre est varié, et que
dans tous les cas il apparaît comme un très grand
conteur. Au cours de ses dernières années à Samoa, dans
les îles du Pacifique, ses amis indigènes ne l'avaient-ils
pas baptisé* Tusitala, *c'est-à-dire « L'Homme qui conte
des histoires » ?*

*Outre ses romans, il a écrit un bon nombre de nou-
velles, qui ne sont pas toutes aussi connues, mais qui
méritent de l'être, et parmi elles* Olalla *(1885). Dans sa
préface à* Jekyll et Hyde, *Francis Lacassin mentionne
cette nouvelle, contemporaine de cette œuvre majeure,
qu'il qualifie d'une formule particulièrement élogieuse :*

1. Folio Bilingue n° 29.

« Olalla, *petit chef-d'œuvre méconnu et tout frémissant d'affectivité*[1] ». Nous allons voir que l'intrigue du roman d'aventures y est moins importante en soi que les aventures de la fiction qui s'oriente vers une « inquiétante étrangeté », et que l'on y trouve en effet une certaine dose d'affectivité, voire d'érotisme, ce qui reste exceptionnel et donc remarquable chez Stevenson.

Le thème général de la nouvelle est celui de la dégénérescence raciale. Un officier écossais qui a été blessé au combat en Espagne est envoyé, pour sa convalescence, dans la demeure d'une famille qui autrefois comptait parmi les toutes premières d'Espagne, mais qui a perdu de son prestige et doit, pour des raisons financières, accepter des pensionnaires. Les membres de cette famille ne manquent pas de l'intriguer : la señora, très belle, mais impénétrable et particulièrement indolente, qui passe la majeure partie de son temps à se chauffer au soleil ou devant son feu, dans un contentement quasi animal ; son fils Felipe, qui vient chercher l'officier dans sa charrette tirée par une mule et qui apparaît assez vite comme un simple d'esprit, parfois bien disposé, mais capable aussi de gestes brutaux, révélant un sadisme latent et une cruauté animale ; et enfin Olalla, la jeune fille de la maison, que l'officier ne rencontre pas tout de suite, et qui lui paraît donc mystérieuse, avant qu'il la découvre et tombe amoureux d'elle, séduit par sa grande beauté. Après plusieurs incidents, dont le plus grave est une attaque quasi vampirique où la señora se jette sur lui

1. Francis Lacassin, « Robert Louis Stevenson ou le fantastique de l'expiation », *in* Stevenson, *L'Île au trésor, Le Maître de Ballantrae, Enlevé !, Catriona, Veillées des îles, Un mort encombrant, L'Étrange Cas du Dr Jekyll et de Mr Hyde*, édition établie par Francis Lacassin, Paris, Robert Laffont, « Bouquins », 1984, p. 1011.

pour mordre brutalement sa main ensanglantée par une blessure, il finit par prendre conscience d'une tendance à la folie dans cette famille. Olalla elle-même ne semble pas affectée par cette pathologie. Bien qu'elle réponde aux sentiments amoureux de l'officier, elle n'envisage pas de l'épouser : elle préfère se sacrifier en lui demandant de partir, car elle ne veut pas prendre le risque de perpétuer le sang de sa famille dégénérée.

La nouvelle a été écrite en novembre et décembre 1885 et publiée dans le numéro de Noël de la Court and Society Review. Elle vient ainsi s'intercaler entre la rédaction de Jekyll et Hyde et sa publication au début de l'année 1886. Il ne faut donc pas s'étonner s'il existe une certaine parenté entre les deux œuvres, au demeurant fort différentes. À l'époque, Stevenson vit dans le sud de l'Angleterre, à Bournemouth, dans une maison que ses parents ont offerte à Fanny, sa femme, en cadeau de mariage. Fanny est heureuse d'y mener une vie bourgeoise, mais Stevenson s'y sent prisonnier, loin de la vie de bohème de ses jeunes années[1]. La côte sud de l'Angleterre a été choisie parce que le climat y est plus favorable que celui de son Écosse natale. Mais elle ne convient pas nécessairement mieux à sa maladie pulmonaire et lorsqu'il tousse, ses mouchoirs se tachent parfois de sang...

Dans un essai intitulé Un chapitre sur les rêves, Stevenson nous révèle qu'une bonne partie de son inspiration lui est donnée par son imagination et notamment par les rêves. Il explique le phénomène en reprenant à son compte une croyance du folklore écossais : il doit beaucoup à l'intervention des Brownies, ces petits

1. Voir Frank McLynn, *Robert Louis Stevenson: A Biography*, Londres, Hutchinson, 1993, p. 251.

êtres bruns qui viennent visiter les dormeurs au cours de leurs rêves nocturnes. C'est à eux qu'il attribue l'essentiel de l'inspiration de la nouvelle : « Ici la cour, la mère, la niche de la mère, Olalla, la chambre d'Olalla, les rencontres sur l'escalier, la fenêtre brisée, la vilaine scène de la morsure, tout cela m'a été donné en gros et en détail tel que j'ai essayé de l'écrire[1]. » Parallèlement à cette inspiration inconsciente, on peut identifier diverses influences littéraires. Edwin Eigner a montré à quel point la nouvelle était redevable à A Strange Story (1862) de Bulwer-Lytton[2], un roman pourtant fort différent et assez échevelé, centré autour d'un « élixir de vie », et destiné à réfuter la doctrine du matérialisme qui réduit tout aux explications rationnelles. Stevenson pensait, lui aussi, que l'expérience humaine ne relevait pas entièrement du rationnel.

On trouve également, dans la nouvelle, des échos du conte de Poe La Chute de la maison Usher, avec la description de la maison en décrépitude ; du poème de Keats Lamia, avec sa figure de la femme fatale ; et même des Papiers d'Aspern, une nouvelle de Henry James où des manuscrits sont recherchés parce qu'ils peuvent révéler la personnalité profonde d'un auteur[3]. Quant à l'idée d'atavisme et de dégénérescence de la race, elle peut très bien venir de Zola, le romancier français connu pour son réalisme journalistique aux

1. R. L. Stevenson, *Olalla des Montagnes et autres contes noirs*, suivi de *Un chapitre sur les rêves*, traduit de l'anglais et préfacé par Pierre Leyris, Paris, Mercure de France, 1975 ; Gallimard, « L'Imaginaire », 2006, p. 193.

2. Edwin M. Eigner, *Robert Louis Stevenson and Romantic Tradition*, Princeton, Princeton UP, 1966.

3. Frank McLynn, *op. cit.*, p. 248.

antipodes du fantastique, mais que Stevenson, après James, apprit à respecter.

Enfin, pour la scène de la morsure, il ne faudrait pas oublier un petit incident survenu entre Stevenson et Fanny, en février 1877, à Paris, dans un fiacre : pris d'un fou rire incoercible, Stevenson demande à Fanny, sa future femme, de lui tordre les doigts en arrière pour l'arrêter ; il menace de lui faire subir la même chose si elle n'intervient pas, et au moment où il commence à s'exécuter, elle le mord violemment[1]. On peut d'ailleurs se demander comment les deux jeunes gens ont vécu cette scène de 1877, qui augurait mal de leur relation future, et surtout comment Fanny a réagi en voyant que son mari en avait gardé un souvenir cuisant, au moment où il composait Olalla, *en 1885. Bien entendu, l'incident est métamorphosé par le talent créateur et recréateur de l'artiste.*

Pour en rester au seul plan littéraire, la nouvelle de 1885 doit sa part de mystère, génératrice d'« inquiétante étrangeté », à un procédé que Stevenson affectionne particulièrement : la narration à la première personne. Tout repose sur le témoignage de l'officier écossais, sur sa manière de voir, d'observer cette étrange famille et d'en découvrir le secret. Interviennent aussi les conditions de son séjour dans la residencia : *le Padre qui a servi de lien entre lui et la famille déchue a bien spécifié qu'il devait garder ses distances par rapport à celle-ci, sans chercher à entrer dans son intimité. Mais comme dans* La Barbe bleue, *le conte de Perrault, le narrateur*

---

1. Fanny Stevenson à Timothy Rearden, « p.m. Feb. 1877 Paris », MS Yale, *in* Claire Harman, *Robert Louis Stevenson: A Biography*, Londres, Harper, 2005, p. 151.

enfreint l'interdiction, il cherche à se rapprocher et va même jusqu'à pénétrer dans la chambre d'Olalla en son absence, ce qui entraîne des conséquences fâcheuses, comme l'a observé Jean-Pierre Naugrette : « [...] le narrateur raconte comment, poussé par une "curiosité irréfléchie", il est entré par effraction dans la chambre de la jeune fille, au centre de laquelle le poème écrit par elle devrait suffire à lui faire comprendre de quoi il retourne. En réalité, le texte du poème semble avoir prévu son approche, aussitôt interprétée comme sacrilège[1]. » Dès le début, le narrateur se laisse guider par des idées fausses, ce qui complique sa relation avec Olalla, qu'il croit pouvoir « sauver » par amour, mais qui se refuse à lui en définitive : « Pour cet intrus mauvais lecteur de signes, il faudra l'image finale d'une Olalla appuyée contre le crucifix, sorte de tableau à la Zurbarán, pour qu'il comprenne enfin qu'il est bel et bien persona non grata dans cette étrange maisonnée – ce qu'on lui avait bien spécifié dès le début, et il se retrouve ainsi au point de départ[2]. »

Jean-Pierre Naugrette intègre la nouvelle dans un recueil de « récits fantastiques » et lui donne ainsi une définition, qui n'est pas incompatible avec celle de Pierre Leyris, même si ce dernier préfère parler d'un recueil de « contes noirs[3] ». Dans Olalla, Stevenson se réfère à un temps et à un lieu fort incertains, ce qui contribue à l'introduction du fantastique, tournant

1. R. L. Stevenson, *L'Étrange Cas du Dr Jekyll et de Mr Hyde et autres récits fantastiques*, traduction, présentation et notes par Jean-Pierre Naugrette, Paris, Le Livre de Poche, 2000, Présentation, p. 26.
2. *Ibid.*, p. 25.
3. Voir R. L. Stevenson, *Olalla des Montagnes et autres contes noirs*, préface de Pierre Leyris, *op. cit.*

le dos au réalisme. *Nous sommes manifestement en Espagne, mais nous aurions bien du mal à dire dans quelle région. Dans les montagnes, certes, mais cela ne suffit pas à identifier une province particulière. Il s'agit probablement d'un pays rêvé, que l'auteur, pourtant grand voyageur, n'a jamais visité, et qui se réduit à une opposition symbolique entre la plaine, habitée par des « païens », où débute le récit, et la sierra où se trouve la* residencia, *dominée par le crucifix et l'influence de la religion. Le temps du récit reste vague, lui aussi. L'officier a été blessé dans un engagement destiné à servir la bonne cause en Espagne. S'agit-il d'un épisode du début du XIXe siècle et des guerres napoléoniennes, une période à laquelle Stevenson s'est intéressé lorsque, au cours de l'hiver 1884-1885, il a envisagé, sur l'invitation de son père, d'écrire une biographie du duc de Wellington[1] ? S'agit-il d'une période plus récente, où des officiers britanniques ont pris part aux guerres carlistes[2] ?*

Dans ce récit privé d'amarrage solide et précis dans le temps et l'espace, la lecture des signes par le narrateur demeure incertaine : « Le fantastique stevensonien semble osciller entre leur surinterprétation dans le sens funeste [...] ou au contraire l'absence d'interprétation suffisante [...]. Dans ces récits en trompe-l'œil où les protagonistes errent à la recherche du sens exact comme dans un infini labyrinthe, il faut concevoir la terreur

---

1. Frank McLynn, *op. cit.*, p. 236.
2. Guerres intermittentes (entre 1833 et 1876) pour soutenir les droits au trône d'Espagne de l'infant Carlos, qui a régné sous le nom de Carlos V. On trouve un exemple de cet engagement militaire avec le personnage du Major Tifto, dans le roman d'Anthony Trollope *Les Enfants du duc* (1880).

comme un défaut de perception, un décalage d'ajustement dans le regard porté sur les êtres et les choses[1]. »

Une fois reconnue la nature fantastique de ce conte, il n'est pas interdit d'en orienter la lecture dans une direction un peu voisine et de le considérer comme un conte gothique. On y trouve en effet un protagoniste « innocent » malmené et violenté dans une demeure étrangère, isolée dans les montagnes d'un pays mal connu, un pays du Sud, soumis à l'influence des prêtres catholiques, qui se retrouve enfermé contre son gré, et donc prisonnier, puis agressé et mordu par une folle, soumis à une épreuve morale insoutenable (une forme de torture) par celle-là même qui l'aime et qui lui demande de renoncer à elle, et obligé finalement de s'éloigner parce que l'opinion publique du village lui est hostile et lui laisse pressentir des violences inquiétantes pour elle, mais aussi pour lui.

Avec la scène de la morsure, la nouvelle semble aussi s'orienter vers la littérature vampirique, telle qu'elle s'affirmera douze ans plus tard dans le Dracula (1897) de Bram Stoker. Le motif du sang y est particulièrement présent, de plusieurs façons. D'abord le sang versé par le narrateur au combat, puis celui qui coule de sa blessure lorsqu'il brise accidentellement la vitre d'une fenêtre, et qui déclenche l'appétit vampirique de la señora – expérience morbide qui est peut-être en relation avec les hémorragies pulmonaires de Stevenson...

Mais le sang, comme dans Dracula, acquiert facilement une dimension symbolique. En l'occurrence, il s'agit surtout ici de la qualité du sang de la race, qui s'est altérée au fil du temps, aussi bien par des mariages

---

1. Jean-Pierre Naugrette, *op. cit.*, p. 30.

consanguins, cause de dégénérescence, que par des unions indignes, comme celle de la señora avec un simple mule-tier, qui a engendré Felipe et Olalla. Le comportement de la mère, pendant la scène de la morsure, révèle un appétit sauvage et incontrôlable pour ce qui lui manque le plus.

Enfin, dans cette nouvelle, il est possible de perce-voir un écho, tantôt lointain, tantôt proche, des thèses darwiniennes, celles qui figurent non seulement dans De l'origine des espèces *(1859) mais aussi dans* La Descendance de l'homme *(1871), avec l'idée d'une évolution de la race, et même d'une possible évolution négative de l'homme, sous forme de régression à l'état animal. Laurent Lepaludier, qui a étudié cette dimen-sion darwinienne de la nouvelle, explique l'inquiétude ressentie ici par le lecteur : « L'angoisse générée par l'incertitude darwinienne tient à ce que le paradigme humain ne constitue plus un en-soi, que l'humain ne se situe ni à l'origine ni dans la permanence, pas plus que dans le devenir, et que l'homme est habité par le principe du non-humain transmis biologiquement par des lois qui le dominent[1]. »*

Mais sans négliger ces différentes pistes de lecture, qui s'expliquent tantôt par l'histoire personnelle de l'auteur, tantôt par le contexte historique et littéraire, il est bon sans doute d'insister sur une évidence remar-quable : Olalla *est avant tout une très belle histoire*

---

1. Laurent Lepaludier, « La Nature humaine, paradigme incertain dans *Olalla* de Stevenson », *in* Gilles Menegaldo et Jean-Pierre Naugrette, dir., *R. L. Stevenson et A. Conan Doyle : Aventures de la fiction*, Actes du Colloque de Cerisy [2000], Rennes, Terre de Brume, 2003, p. 241.

d'amour reposant sur la création d'une héroïne mysté-rieuse mais attachante, d'une étonnante et captivante beauté. Baildon, l'un des premiers critiques de l'auteur, n'a pas manqué de le percevoir, il y a bien longtemps déjà : « Dans Olalla, nous avons, ce qui est si rare chez Stevenson, la présentation d'un amour passionné et la création d'un personnage féminin vraiment vivant et animé[1]. »

On a souvent remarqué, et à juste titre, qu'il n'y avait pas beaucoup de place pour les femmes dans les romans de Stevenson. Dans L'Île au trésor, l'action n'intéresse que les hommes et il n'y a qu'une seule femme, qui joue un rôle tout à fait secondaire : la mère du jeune héros, qui attend son retour au pays. Dans Le Maître de Ballantrae, il y a bien une héroïne, mais elle n'a guère d'existence propre : elle est simplement l'un des enjeux de la rivalité entre les deux frères ennemis. Et dans Jekyll et Hyde, on cherche en vain les femmes ; on ne trouve que les petites filles piétinées par Hyde. Si bien que l'on a pu penser, un peu vite sûrement, que Stevenson, c'était de la littérature pour hommes, voire pour jeunes garçons.

Notre nouvelle vient s'inscrire en faux contre cette légende en proposant un portrait de femme admirable. Olalla y apparaît comme une héroïne d'une grande beauté physique, et très désirable, car fortement érotisée. La description s'attarde sur sa poitrine magnifique, qui se dessine à travers la longue fente de son corsage, et où se glisse, au bout d'un ruban, une pièce d'or qui se

---

1. H. Bellyse Baildon, *Robert Louis Stevenson : A Life Study in Criticism*, Second Edition, Londres, Chatto & Windus, 1901, p. 138 (nous traduisons).

soulève au gré de la respiration de l'héroïne. Et la main du narrateur se pose sur cette poitrine, lorsqu'il est blessé et qu'Olalla entreprend de le soigner.

En voyant l'héroïne pour la première fois, l'officier écossais ressent une profonde émotion, car il est saisi par la beauté plastique de son corps, mais aussi par la beauté de ses yeux, reflet de son âme. Leurs regards se croisent alors dans un échange chargé d'une valeur sacramentelle : « La surprise me cloua au sol ; son exquise beauté me frappa au cœur. Elle chatoyait dans l'ombre profonde de la galerie, gemme de couleur ; ses yeux trouvèrent où prendre prise dans les miens et s'y accrochèrent et nous lièrent comme deux mains se joignent. Les instants où nous restâmes ainsi face à face, nous buvant l'un l'autre, furent sacramentels et marièrent nos âmes » (p. 97).

Olalla n'est pas seulement le personnage principal, l'héroïne de cette nouvelle : elle en est aussi le corps et l'âme. Elle inspire au narrateur un amour profond et durable, elle est aussi à l'origine de son épreuve, en lui demandant de se séparer d'elle. Dans la residencia, elle apparaît comme l'exception : sa mère et son frère sont des dégénérés, ils sont revenus au stade de l'animalité, mais elle-même semble épargnée par le processus de dégénérescence. Ses lectures (des ouvrages pieux, historiques et scientifiques rédigés en latin) et ses écrits (un poème mystique) que découvre le narrateur en entrant subrepticement dans sa chambre montrent qu'elle « allie les attributs de l'érudite et de la sainte. [...] Elle se sacrifiera finalement pour un bien supérieur. En elle se conjuguent la beauté du corps, celle de l'intelligence et de l'âme[1]. »

---

1. Laurent Lepaludier, *op. cit.*, p. 234.

Son nom même, Olalla, apparaît comme la version espagnole d'Eulalia[1], un nom d'origine grecque qui désigne celui ou celle qui a « de belles paroles », ou « qui parle bien ». Dans la tradition chrétienne, Eulalia, ou Eulalie, est une vierge et martyre, exécutée au début du IVe siècle lors des persécutions des chrétiens sous Dioclétien[2]. La jeune fille, âgée de douze ou treize ans, aurait exprimé sa peine en voyant les souffrances infligées aux chrétiens en présence du gouverneur de la province de Mérida, qui l'aurait alors fait mettre sur le bûcher pour la brûler vive. Et au moment de sa mort, on aurait vu une colombe s'échapper de ses lèvres. Ce dernier détail, particulièrement merveilleux, a sans doute été ajouté pour justifier le sens étymologique du prénom : la sainte parle bien car elle est portée par l'inspiration du Saint-Esprit. La dévotion à la sainte était grande en Occident pendant les premiers siècles. Dans la Cantilène de sainte Eulalie, *le plus ancien poème en langue d'oïl que nous ayons conservé et qui date de la fin du IXe siècle, elle est décrite dans une expression qui pourrait se rendre ainsi en français contemporain :* « Elle avait un beau corps, mais une âme plus belle encore. Voulurent la vaincre les ennemis de Dieu, mais point n'y parvinrent. »

---

1. Dans ces conditions, le double *l* de la dernière syllabe se prononce comme dans « Sevilla », ce qui permet une transcription phonétique du type [O'lalia]. En français, il n'y a donc pas lieu de préciser « Olalla des Montagnes », ce que font certains traducteurs, comme Pierre Leyris, sans doute de crainte de voir s'installer une confusion cocasse avec l'exclamation « Oh là, là ! ». Stevenson a choisi un titre court, réduit au simple prénom de son héroïne, pour mieux souligner qu'elle est bien au cœur du récit.

2. Voir le site Wikipedia et aussi, sur l'origine des prénoms chrétiens, http://nominis.cef.fr.

Curieusement, on parle d'une sainte Eulalie qui aurait été martyrisée en 304 dans la ville de Mérida, dans le sud-ouest de l'Espagne, mais on célèbre aussi une sainte Eulalie morte à Barcelone la même année, au même âge et dans les mêmes conditions. On peut donc légitimement se demander s'il ne s'agit pas de la même martyre, dont les reliques auraient été transférées de Mérida à Barcelone. Quoi qu'il en soit, cette sainte jouit, encore actuellement, d'une grande ferveur en Espagne, et son histoire convient très bien à l'héroïne espagnole de Stevenson, qui possède, elle aussi, un beau corps et une âme plus belle encore. Elle aussi doit se sacrifier en renonçant à l'amour et au mariage, la destinée « normale » des jeunes filles.

Dans les deux versions, aussi bien à Mérida qu'à Barcelone, la sainte meurt sur un bûcher. Mais pour sa part, Jean-Pierre Naugrette choisit encore une autre version où elle a les seins coupés[1]. Dans le domaine de l'hagiographie, il faut naturellement savoir faire la part des ajouts légendaires. Mais point n'est besoin de transformer l'héroïne de Stevenson en une nouvelle sainte Agathe, qui est généralement représentée portant ses seins coupés sur un plateau. Dans une mosaïque du VIe siècle, à Saint-Apollinaire-le-Neuf de Ravenne, par exemple, sainte Eulalie n'est nullement représentée ainsi. Et dans la nouvelle de Stevenson, elle garde sa superbe poitrine jusqu'au bout. Si elle se sépare de l'officier, ce n'est donc pas par refus de la féminité et du plaisir, mais au nom d'un impératif plus grand.

1. En se fondant, apparemment, sur *La Légende dorée*, et un poème du *Romancero gitan* de Federico García Lorca. Jean-Pierre Naugrette, *op. cit.*, p. 25.

La décision d'Olalla est proprement tragique, même si elle n'entraîne aucune mort. Les deux protagonistes, l'officier et la jeune fille, s'aiment tendrement, mais ils doivent se séparer pour éviter que se prolonge et s'aggrave la dégénérescence de la famille, dont les conséquences présentes sont suffisamment alarmantes. Malgré des différences évidentes, nous ne sommes pas très loin du schéma tragique choisi par Racine dans Bérénice. *Au cours du Ier siècle, Titus, le général romain, fait la conquête de Jérusalem et de la province qui l'entoure. Bérénice, souveraine de Judée, devient sa maîtresse et il est tellement épris d'elle qu'il la ramène à Rome. Devenu empereur, il ne peut plus la garder auprès de lui, car la tradition romaine est hostile à toute forme de royauté. Titus doit céder à la raison d'État. Dans sa* Vie des douze Césars, *l'historien Suétone (qui a vécu aux Ier et IIe siècles) résume toute l'histoire dans une formule d'une belle concision :* « Titus reginam Berenicen [...] statim ab Urbe dimisit invitus invitam. » *Ce qui pourrait se traduire par :* « Aussitôt, Titus éloigna de Rome la reine Bérénice [...] malgré lui et malgré elle. »*

Comme on le voit dans la préface que Racine donne à sa pièce, toute la tragédie de Bérénice *se résume à ce noyau* « invitus invitam ». *C'est contre son gré que Titus doit renoncer à Bérénice, et contre son gré aussi que Bérénice doit s'éloigner de lui pour repartir dans son pays. Nous retrouvons chez Stevenson le même mobile tragique, à cette différence près que l'initiative de la séparation vient de la femme et que l'homme la subit :* « invita invitum », *en quelque sorte.*

Nous avons ici une tragédie identique, où toute l'action repose sur une femme, qui ressent et inspire un amour profond, passionnel, mais qui choisit d'y

renoncer au nom d'un impératif supérieur, et qui réussit à imposer douloureusement sa décision à celui qu'elle aime. Olalla est ainsi une héroïne peu commune, et la lecture de cette nouvelle infirme la légende selon laquelle Stevenson ne saurait pas accorder une place aux femmes dans sa fiction.

ALAIN JUMEAU

Olalla

Olalla

"Now," said the doctor, "my part is done, and, I may say, with some vanity, well done. It remains only to get you out of this cold and poisonous city, and to give you two months of a pure air and an easy conscience. The last is your affair. To the first I think I can help you. It falls indeed rather oddly; it was but the other day the Padre came in from the country; and as he and I are old friends, although of contrary professions, he applied to me in a matter of distress among some of his parishioners. This was a family – but you are ignorant of Spain, and even the names of our grandees are hardly known to you; suffice it, then, that they were once great people, and are now fallen to the brink of destitution. Nothing now belongs to them but the residencia, and certain leagues of desert mountain, in the greater part of which not even a goat could support life. But the house is a fine old place,

« Allons, dit le docteur, mon rôle est joué, et, je puis le dire avec un brin de vanité, bien joué. Il ne reste plus qu'à vous faire sortir de cette ville froide et empestée pour vous donner deux mois d'air pur en même temps qu'une bonne conscience. Ce dernier point vous regarde. Pour le premier, je crois pouvoir vous aider. Cela tombe, à vrai dire, assez bizarrement ; voici quelques jours à peine, le Padre est revenu de la campagne, et, comme nous sommes, lui et moi, de vieux amis quoique de professions contraires, il s'est ouvert à moi de la détresse dont souffraient certains de ses paroissiens. Il s'agissait d'une famille... mais vous ne connaissez pas l'Espagne et vous êtes à peine au fait de nos grands noms ; qu'il suffise donc de dire que c'étaient jadis des gens illustres et qu'ils sont maintenant au bord du dénuement. Plus rien ne leur appartient à présent, hormis la residencia et quelques arpents de montagne désertique dans la plus grande partie desquels même une chèvre ne trouverait pas de quoi subsister. Mais la maison est une ancienne et belle demeure,

and stands at a great height among the hills, and most salubriously; and I had no sooner heard my friend's tale than I remembered you. I told him I had a wounded officer, wounded in the good cause, who was now able to make a change; and I proposed that his friends should take you for a lodger. Instantly the Padre's face grew dark, as I had maliciously foreseen it would. It was out of the question, he said. Then let them starve, said I, for I have no sympathy with tatterdemalion pride. Thereupon we separated, not very content with one another; but yesterday, to my wonder, the Padre returned and made a submission: the difficulty, he said, he had found upon enquiry to be less than he had feared; or, in other words, these proud people had put their pride in their pocket. I closed with the offer; and, subject to your approval, I have taken rooms for you in the residencia. The air of these mountains will renew your blood; and the quiet in which you will there live is worth all the medicines in the world."

"Doctor," said I, "you have been throughout my good angel, and your advice is a command. But tell me, if you please, something of the family with which I am to reside."

"I am coming to that," replied my friend; "and, indeed, there is a difficulty in the way. These beggars are, as I have said, of very high descent and swollen with the most baseless vanity; they have lived for some generations in a growing isolation,

située à haute altitude parmi les monts, et des plus salubres. Aussi n'ai-je pas plus tôt entendu le récit de mon ami que je me suis souvenu de vous. Je lui ai dit que j'avais un officier blessé, blessé pour la bonne cause, qui était en état de se déplacer, et j'ai proposé que ses amis vous prennent comme pensionnaire. Instantanément la figure du Padre s'est rembrunie, comme je l'avais malicieusement prévu. "C'est hors de question, me dit-il. – Alors, qu'ils crèvent de faim, répliquai-je. Je n'ai aucune sympathie pour l'orgueil en guenilles." Là-dessus nous nous sommes quittés, pas très contents l'un de l'autre; mais hier, à mon étonnement, le Padre est revenu et a fait amende honorable. La difficulté, il l'avait constaté après enquête, était plus surmontable qu'il ne l'avait craint tout d'abord. En d'autres termes, ces orgueilleuses gens avaient mis leur orgueil dans leur poche. J'ai accepté l'offre et, sous réserve de votre approbation, j'ai retenu une chambre pour vous à la residencia. L'air des montagnes renouvellera votre sang; et la tranquillité dans laquelle vous y vivrez vaudra toutes les médecines du monde.

— Docteur, dis-je, vous avez été d'un bout à l'autre mon bon ange, et vos conseils sont des ordres. Mais donnez-moi quelques éclaircissements, je vous prie, sur la famille chez laquelle je vais résider.

— J'y viens, répondit mon ami; et à la vérité il y a un obstacle. Ces indigents sont, comme je vous l'ai dit, de très haut lignage et gonflés de la plus illusoire vanité. Ils ont vécu pendant plusieurs générations dans un isolement grandissant,

drawing away, on either hand, from the rich who had now become too high for them, and from the poor, whom they still regarded as too low; and even to-day, when poverty forces them to unfasten their door to a guest, they cannot do so without a most ungracious stipulation. You are to remain, they say, a stranger; they will give you attendance, but they refuse from the first the idea of the smallest intimacy."

I will not deny that I was piqued, and perhaps the feeling strengthened my desire to go, for I was confident that I could break down that barrier if I desired. "There is nothing offensive in such a stipulation," said I; "and I even sympathise with the feeling that inspired it."

"It is true they have never seen you," returned the doctor politely; "and if they knew you were the handsomest and the most pleasant man that ever came from England (where I am told that handsome men are common, but pleasant ones not so much so), they would doubtless make you welcome with a better grace. But since you take the thing so well, it matters not. To me, indeed, it seems discourteous. But you will find yourself the gainer. The family will not much tempt you. A mother, a son, and a daughter; an old woman said to be half-witted, a country lout, and a country girl, who stands very high with her confessor, and is, therefore," chuckled the physician, "most likely plain; there is not much in that to attract the fancy of a dashing officer."

s'éloignant d'un côté des riches devenus trop au-dessus d'eux, de l'autre des pauvres, qu'ils regardaient toujours comme trop vils ; et même aujourd'hui, où la pauvreté les force à ouvrir leur porte à un hôte, ils ne peuvent le faire sans une stipulation des plus discourtoises : vous resterez, disent-ils, un étranger. Ils veilleront à vos besoins, mais ils écartent dès le principe l'idée de la moindre intimité. »

J'avoue que je fus piqué, et peut-être ce senti-ment renforça-t-il mon désir de me mettre en route, car je me flattai d'être capable de renverser cette barrière si je le désirais. « Il n'y a rien d'of-fensant dans pareille stipulation, dis-je, et je sym-pathise même avec le sentiment qui l'a inspirée.

— Il est vrai qu'ils ne vous ont jamais vu, répon-dit poliment le docteur. S'ils savaient que vous êtes le plus bel homme et le plus agréable compagnon qui soit jamais venu d'Angleterre (où les beaux hommes sont communs, me dit-on, mais les gens agréables plus rares), ils vous accueilleraient sans doute de meilleure grâce. Mais dès lors que vous prenez si bien la chose, peu importe. Quant à moi, je trouve vraiment la clause discourtoise. Néanmoins c'est vous qui y gagnerez. La famille ne vous tentera guère. Une mère, un fils et une fille. Une femme mûre, qu'on dit à demi timbrée ; un jeune rustre ; et une petite campagnarde que son confesseur tient en haute estime et qui, par conséquent, a toutes les chances d'être un laide-ron, dit le médecin en contenant son rire. Il n'y a guère là de quoi allécher l'imagination d'un bril-lant officier.

"And yet you say they are high-born," I objected.

"Well, as to that, I should distinguish," returned the doctor. "The mother is; not so the children. The mother was the last representative of a princely stock, degenerate both in parts and fortune. Her father was not only poor, he was mad: and the girl ran wild about the residencia till his death. Then, much of the fortune having died with him, and the family being quite extinct, the girl ran wilder than ever, until at last she married, Heaven knows whom, a muleteer some say, others a smuggler; while there are some who uphold there was no marriage at all, and that Felipe and Olalla are bastards. The union, such as it was, was tragically dissolved some years ago; but they live in such seclusion, and the country at that time was in so much disorder, that the precise manner of the man's end is known only to the priest – if even to him."

"I begin to think I shall have strange experiences," said I.

"I would not romance, if I were you," replied the doctor; "you will find, I fear, a very grovelling and commonplace reality. Felipe, for instance, I have seen. And what am I to say? He is very rustic, very cunning, very loutish, and, I should say, an innocent; the others are probably to match. No, no, señor commandante,

— Et pourtant vous dites qu'ils sont de haute naissance, objectai-je.

— Quant à cela, je distinguerai, répondit le docteur. La mère, oui ; pas les enfants. La mère est la dernière représentante d'une souche princière dégénérée, aussi bien sous le rapport de ses facultés que de sa fortune. Son père était non seulement pauvre, mais fou ; et la fille a couru en sauvageonne à travers la residencia jusqu'à ce qu'il mourût. Alors, une bonne part de la fortune ayant disparu avec lui et la famille étant, par ailleurs, entièrement éteinte, la fille continua à courir plus sauvage que jamais, jusqu'à ce qu'elle épousât Dieu sait qui – les uns disent un muletier, d'autres un contrebandier ; certains même soutiennent qu'il n'y eut pas de mariage du tout et que Felipe et Olalla sont des bâtards. Cette union, quelle qu'en soit la nature, a pris fin tragiquement, il y a quelques années. Mais ils vivent dans un tel isolement et le pays, à cette époque, était dans un si grand désordre que la façon exacte dont l'homme est mort n'est connue que du prêtre, et encore...

— Je commence à croire que je vais avoir d'étranges expériences, dis-je.

— À votre place, je ne laisserais pas courir mon imagination, répondit le docteur. Vous allez trouver, je le crains, une réalité très terre à terre. Felipe, par exemple, je l'ai vu. Et que dirai-je de lui ? Il est très rustique et très madré en même temps que très balourd, et à mon avis c'est un innocent. Les autres sont probablement du même acabit. Non, non, señor commandante,

you must seek congenial society among the great sights of our mountains; and in these at least, if you are at all a lover of the works of nature, I promise you will not be disappointed."

The next day Felipe came for me in a rough country cart, drawn by a mule; and a little before the stroke of noon, after I had said farewell to the doctor, the innkeeper, and different good souls who had befriended me during my sickness, we set forth out of the city by the Eastern gate, and began to ascend into the Sierra. I had been so long a prisoner, since I was left behind for dying after the loss of the convoy, that the mere smell of the earth set me smiling. The country through which we went was wild and rocky, partially covered with rough woods, now of the cork-tree, and now of the great Spanish chestnut, and frequently intersected by the beds of mountain torrents. The sun shone, the wind rustled joyously; and we had advanced some miles, and the city had already shrunk into an inconsiderable knoll upon the plain behind us, before my attention began to be diverted to the companion of my drive. To the eye, he seemed but a diminutive, loutish, well-made country lad, such as the doctor had described, mighty quick and active, but devoid of any culture; and this first impression was with most observers final.

vous devrez chercher une compagnie qui convienne à votre âme parmi les grands spectacles de nos montagnes : eux du moins, pour peu que vous soyez un ami des œuvres de la nature, ne vous décevront pas, je vous le promets. »

Le lendemain Felipe vint me chercher dans une grossière charrette de campagne tirée par une mule ; et, un peu avant les coups de midi, après que j'eus dit adieu au docteur, à l'aubergiste et aux diverses bonnes âmes qui m'avaient secouru pendant ma maladie, nous sortîmes de la ville par la porte est et nous commençâmes à monter dans la sierra. J'avais été reclus si longtemps depuis qu'on m'avait laissé pour mort après la perte d'un convoi que la simple odeur de la terre me rendit radieux. Le pays que nous parcourions était inculte et rocheux, couvert en partie de bois sauvages, tantôt de chênes-lièges, tantôt de grands châtaigniers d'Espagne, et fréquemment sillonné par les lits des torrents de montagne. Le soleil brillait, le vent bruissait joyeusement, et nous avions déjà progressé de plusieurs milles, la ville ayant diminué jusqu'à n'être plus qu'une petite bosse insignifiante là-bas sur la plaine, derrière nous, lorsque mon attention commença à se tourner vers mon compagnon de voyage. À le voir, il semblait n'être qu'un gars de la campagne, petit, rustaud et bien bâti, tel que le docteur l'avait décrit ; extrêmement vif et actif, mais dénué de toute éducation ; et cette impression première était sans doute, pour la plupart des observateurs, définitive.

What began to strike me was his familiar, chattering talk; so strangely inconsistent with the terms on which I was to be received; and partly from his imperfect enunciation, partly from the sprightly incoherence of the matter, so very difficult to follow clearly without an effort of the mind. It is true I had before talked with persons of a similar mental constitution; persons who seemed to live (as he did) by the senses, taken and possessed by the visual object of the moment and unable to discharge their minds of that impression. His seemed to me (as I sat, distantly giving ear) a kind of conversation proper to drivers, who pass much of their time in a great vacancy of the intellect and threading the sights of a familiar country. But this was not the case of Felipe; by his own account, he was a home-keeper; "I wish I was there now," he said; and then, spying a tree by the wayside, he broke off to tell me that he had once seen a crow among its branches.

"A crow?" I repeated, struck by the ineptitude of the remark, and thinking I had heard imperfectly.

But by this time he was already filled with a new idea; hearkening with a rapt intentness, his head on one side, his face puckered; and he struck me rudely, to make me hold my peace. Then he smiled and shook his head.

"What did you hear?" I asked.

"O, it is all right," he said;

Ce qui me frappa tout d'abord fut son parler bavard et familier, si étrangement en contradiction avec les conditions dans lesquelles je devais être reçu, et, tant du fait de son élocution imparfaite que de l'incohérence animée du discours, on ne peut plus difficile à suivre clairement sans un effort de l'esprit. J'avais déjà parlé, il est vrai, avec des personnes constituées mentalement de façon similaire, des personnes qui semblaient vivre, comme lui, par les sens, prises et accaparées qu'elles étaient par l'objet qui s'offrait sur le moment à leur vue et incapables de détacher leur esprit de cette impression. Sa conversation, telle que je la perçus, assis à quelque distance, me parut être caractéristique des cochers, qui passent beaucoup de leur temps dans une grande vacance de l'esprit à voir défiler les scènes d'un pays familier. Cependant, ce n'était pas le cas de Felipe. Selon ses propres dires, il était casanier. « Je voudrais être à la maison en ce moment », me confia-t-il. Puis avisant un arbre au bord de la route, il s'interrompit pour m'annoncer qu'il avait vu une fois un corbeau dans ses branches.

« Un corbeau ? » répétai-je, frappé de l'insignifiance de la remarque et croyant avoir mal entendu.

Mais il était déjà absorbé par une nouvelle idée, écoutant avec une attention profonde, la tête penchée de côté, le visage plissé ; et il me donna une bourrade pour me faire tenir tranquille. Puis il sourit et hocha la tête.

« Qu'avez-vous entendu ? demandai-je.
— Oh ! ce n'est rien », dit-il.

and began encouraging his mule with cries that echoed unhumanly up the mountain walls.

I looked at him more closely. He was superlatively well-built, light, and lithe and strong; he was well-featured; his yellow eyes were very large, though, perhaps, not very expressive; take him altogether, he was a pleasant-looking lad, and I had no fault to find with him, beyond that he was of a dusky hue, and inclined to hairiness; two characteristics that I disliked. It was his mind that puzzled, and yet attracted me. The doctor's phrase – an innocent – came back to me; and I was wondering if that were, after all, the true description, when the road began to go down into the narrow and naked chasm of a torrent. The waters thundered tumultuously in the bottom; and the ravine was filled full of the sound, the thin spray, and the claps of wind, that accompanied their descent. The scene was certainly impressive; but the road was in that part very securely walled in; the mule went steadily forward; and I was astonished to perceive the paleness of terror in the face of my companion. The voice of that wild river was inconstant, now sinking lower as if in weariness, now doubling its hoarse tones; momentary freshets seemed to swell its volume, sweeping down the gorge, raving and booming against the barrier walls; and I observed it was at each of these accessions to the clamour, that my driver more particularly winced and blanched.

Et il se mit à encourager sa mule avec des cris que les parois des montagnes répercutèrent en accents inhumains.

Je le regardai de plus près. Il était merveilleusement bien bâti, léger, souple et vigoureux ; il avait de beaux traits ; ses yeux jaunes étaient très grands, quoique pas très expressifs peut-être. Dans l'ensemble, c'était un garçon agréable à regarder, et je ne lui trouvai aucun défaut si ce n'était un teint mat et une tendance à être velu, deux caractéristiques qui me déplurent. Mais c'était son esprit qui me déconcertait en même temps qu'il m'attirait. L'expression du docteur, « un innocent », me revint en mémoire, et j'étais en train de me demander si c'était après tout le mot qui convenait, quand la route commença à descendre dans la gorge étroite et dénudée d'un torrent. Les eaux tonnaient tumultueusement au fond, et la ravine était toute pleine du fracas, de la fine écume et des rafales qui accompagnaient leur descente. La scène avait de quoi impressionner, certes, mais la route était fort bien protégée à cet endroit par un parapet, la mule allait bon train, et je fus surpris de voir que le visage de mon compagnon était pâle de terreur. La voix de cette rivière sauvage était inconstante, tantôt se faisant plus sourde, comme par lassitude, tantôt redoublant de sonorités rauques ; des crues momentanées semblaient enfler son volume, déferlant dans la gorge, se ruant avec fureur et fracas contre les murs qui lui barraient le passage ; et j'observai qu'à chacun de ces paroxysmes de bruit, mon conducteur tressaillait et blêmissait plus particulièrement.

Some thoughts of Scottish superstition and the river-kelpie, passed across my mind; I wondered if perchance the like were prevalent in that part of Spain; and turning to Felipe, sought to draw him out.

"What is the matter?" I asked.

"O, I am afraid," he replied.

"Of what are you afraid?" I returned. "This seems one of the safest places on this very dangerous road."

"It makes a noise," he said, with a simplicity of awe that set my doubts at rest.

The lad was but a child in intellect; his mind was like his body, active and swift, but stunted in development; and I began from that time forth to regard him with a measure of pity, and to listen at first with indulgence, and at last even with pleasure, to his disjointed babble.

By about four in the afternoon we had crossed the summit of the mountain line, said farewell to the western sunshine, and began to go down upon the other side, skirting the edge of many ravines and moving through the shadow of dusky woods. There rose upon all sides the voice of falling water, not condensed and formidable as in the gorge of the river, but scattered and sounding gaily and musically from glen to glen. Here, too, the spirits of my driver mended, and he began to sing aloud in a falsetto voice, and with a singular bluntness of musical perception, never true either to melody or key, but wandering at will,

Certaines superstitions écossaises et la pensée du kelpie[1] de la rivière me traversèrent l'esprit ; je me demandai si leurs pareils sévissaient par hasard dans cette partie de l'Espagne et, me tournant vers Felipe, je cherchai à le faire parler.

« Qu'est-ce qu'il y a ? lui demandai-je.

— Oh ! J'ai peur, répondit-il.

— De quoi avez-vous peur ? repris-je. C'est un des passages les plus sûrs, apparemment, de cette route si dangereuse.

— Du bruit que ça fait », répondit-il avec une simplicité dans la terreur qui apaisa mes doutes.

Ce garçon n'était qu'un enfant pour l'intelligence ; il avait l'esprit agile et leste, comme le corps, mais arrêté dans son développement. Dès lors, je me mis à le regarder avec une certaine pitié et à écouter, d'abord avec indulgence, puis à la fin non sans plaisir, son babil décousu.

Vers quatre heures de l'après-midi, nous avions franchi la crête de la chaîne, dit adieu au soleil du couchant et commencé à descendre sur l'autre versant en longeant de nombreux ravins et en traversant l'ombre de bois obscurs. Là s'éleva de tous côtés la voix de l'eau ruisselante, non plus condensée et redoutable comme dans la gorge du torrent, mais éparse et résonnant avec une harmonieuse gaieté de val en val. Là aussi, mon cocher se rasséréna et se mit à chanter à tue-tête d'une voix de fausset avec une singulière surdité musicale, jamais fidèle à la mélodie ni à la tonalité, mais battant la campagne à son gré,

1. Ondin malfaisant.

and yet somehow with an effect that was natural and pleasing, like that of the song of birds. As the dusk increased, I fell more and more under the spell of this artless warbling, listening and waiting for some articulate air, and still disappointed; and when at last I asked him what it was he sang – "O," cried he, "I am just singing!" Above all, I was taken with a trick he had of unweariedly repeating the same note at little intervals; it was not so monotonous as you would think, or, at least, not disagreeable; and it seemed to breathe a wonderful contentment with what is, such as we love to fancy in the attitude of trees, or the quiescence of a pool.

Night had fallen dark before we came out upon a plateau, and drew up a little after, before a certain lump of superior blackness which I could only conjecture to be the residencia. Here, my guide, getting down from the cart, hooted and whistled for a long time in vain; until at last an old peasant man came towards us from somewhere in the surrounding dark, carrying a candle in his hand. By the light of this I was able to perceive a great arched doorway of a Moorish character: it was closed by iron-studded gates, in one of the leaves of which Felipe opened a wicket. The peasant carried off the cart to some out-building; but my guide and I passed through the wicket, which was closed again behind us;

sans laisser pour autant de produire un effet naturel et agréable à l'instar du chant des oiseaux. À mesure que l'obscurité croissait, je tombai de plus en plus sous le charme de ce gazouillis sans art, attendant à chaque instant qu'il devînt un air articulé, mais toujours déçu. Et quand je finis par demander au garçon ce qu'il chantait là, « Oh !, s'écria-t-il, je chante, et puis voilà. » Je fus séduit par-dessus tout par sa façon de répéter inlassablement la même note à de petits intervalles ; ce n'était pas aussi monotone qu'on pourrait le penser, ou du moins ce n'était pas désagréable, et cela semblait respirer un merveilleux contentement de ce qui est, comme celui que notre imagination aime à voir dans l'aspect de certains arbres ou dans la tranquillité d'une mare.

Il faisait nuit noire lorsque nous débouchâmes sur un plateau et que nous arrivâmes un peu plus tard devant une masse plus noire encore qui devait être, ne pus-je que conjecturer, la residencia. Ici mon guide, descendant de la charrette, appela et siffla longtemps en pure perte ; enfin un vieux paysan vint à nous, surgi de quelque part dans l'obscurité environnante, portant une chandelle à la main. À la lumière de celle-ci, je pus distinguer l'arche d'un grand portail de style mauresque, fermé par des portes cloutées de fer, dans l'un des battants desquelles Felipe ouvrit un guichet. Le paysan emmena la charrette vers un hangar, mais mon guide et moi franchîmes le guichet, qui fut refermé derrière nous ;

and by the glimmer of the candle, passed through a court, up a stone stair, along a section of an open gallery, and up more stairs again, until we came at last to the door of a great and somewhat bare apartment. This room, which I understood was to be mine, was pierced by three windows, lined with some lustrous wood disposed in panels, and carpeted with the skins of many savage animals. A bright fire burned in the chimney, and shed abroad a changeful flicker; close up to the blaze there was drawn a table, laid for supper; and in the far end a bed stood ready. I was pleased by these preparations, and said so to Felipe; and he, with the same simplicity of disposition that I had already remarked in him, warmly re-echoed my praises. "A fine room," he said; "a very fine room. And fire, too; fire is good; it melts out the pleasure in your bones. And the bed," he continued, carrying over the candle in that direction – "see what fine sheets – how soft, how smooth, smooth;" and he passed his hand again and again over their texture, and then laid down his head and rubbed his cheeks among them with a grossness of content that somehow offended me. I took the candle from his hand (for I feared he would set the bed on fire) and walked back to the supper-table, where, perceiving a measure of wine, I poured out a cup and called to him to come and drink of it. He started to his feet at once and ran to me with a strong expression of hope; but when he saw the wine, he visibly shuddered.

et à la lueur de la chandelle, nous traversâmes une cour, gravîmes un escalier de pierre, longeâmes partiellement une galerie à claire-voie, gravîmes à nouveau un autre escalier et parvînmes enfin à la porte d'un appartement de grande taille, quelque peu nu. Cette chambre qui, je le compris, allait être la mienne, était percée de trois fenêtres, lambrissée d'un certain bois brillant disposé en panneaux, et jonchée de nombreuses peaux de bêtes sauvages. Un feu clair flambait dans la cheminée, jetant dans la chambre une lueur changeante ; on avait tiré auprès une table servie pour le souper, et l'on voyait au fond un lit tout fait. Ces apprêts me firent plaisir, comme je le dis à Felipe ; et lui, avec la simplicité que j'avais déjà remarquée dans ses façons, fit chaudement écho à mes louanges. « C'est une belle chambre, dit-il, une très belle chambre. Et il y a du feu avec ça. C'est bon, le feu. Ça vous coule le bien-être dans les os. Et le lit, continua-t-il en déplaçant la chandelle dans cette direction, voyez ces beaux draps, comme ils sont doux et lisses, lisses. » Il passa la main dessus à maintes reprises, puis pencha la tête et frotta ses joues contre eux avec une satisfaction grossière qui, d'une certaine façon, m'offusqua. Je pris la chandelle dans sa main, craignant qu'il ne mît le feu au lit, et je revins à la table du souper où, voyant une mesure de vin, j'en emplis une coupe et appelai Felipe pour l'inviter à boire. Il sauta aussitôt sur ses pieds et courut à moi avec un visage plein d'espoir ; mais quand il vit le vin, il frissonna visiblement.

"Oh, no," he said, "not that; that is for you. I hate it."

"Very well, Señor," said I; "then I will drink to your good health, and to the prosperity of your house and family. Speaking of which," I added, after I had drunk, "shall I not have the pleasure of laying my salutations in person at the feet of the Señora, your mother?"

But at these words all the childishness passed out of his face, and was succeeded by a look of indescribable cunning and secrecy. He backed away from me at the same time, as though I were an animal about to leap or some dangerous fellow with a weapon, and when he had got near the door, glowered at me sullenly with contracted pupils. "No," he said at last, and the next moment was gone noiselessly out of the room; and I heard his footing die away downstairs as light as rainfall, and silence closed over the house.

After I had supped I drew up the table nearer to the bed and began to prepare for rest; but in the new position of the light, I was struck by a picture on the wall. It represented a woman, still young. To judge by her costume and the mellow unity which reigned over the canvas, she had long been dead; to judge by the vivacity of the attitude, the eyes and the features, I might have been beholding in a mirror the image of life. Her figure was very slim and strong, and of a just proportion; red tresses lay like a crown over her brow; her eyes,

« Oh non, dit-il, pas ça. C'est pour vous. Moi je le déteste.

— Très bien, señor, dis-je. En ce cas, je le boirai à votre bonne santé ainsi qu'à la prospérité de votre maison et de votre famille. À propos, ajoutai-je après avoir bu, n'aurai-je pas le plaisir de déposer en personne mes salutations aux pieds de la señora votre mère ? »

À ces mots, tout caractère enfantin disparut de son visage pour faire place à une expression de ruse et de dissimulation indescriptibles. En même temps, il recula loin de moi comme si j'avais été un animal prêt à bondir ou un dangereux individu muni d'une arme, et quand il fut arrivé près de la porte, il me fixa d'un air sombre et revêche avec des pupilles contractées. « Non », dit-il enfin ; et l'instant d'après, il était sorti sans bruit de la chambre. J'entendis son pas mourir dans l'escalier, léger comme une averse, puis le silence se referma sur la maison.

Quand j'eus soupé, je tirai la table près du lit et me préparai à prendre du repos. Mais dans la nouvelle position où se trouvait la lumière, je fus frappé par un tableau accroché au mur. Il représentait une femme encore jeune. À en juger par son costume et par la moelleuse patine de la toile, elle était morte de longue date ; mais à en juger par la vivacité de l'attitude, des yeux et des traits, j'aurais pu contempler dans un miroir l'image de la vie. Sa silhouette, aussi svelte que vigoureuse, avait des proportions sans défaut ; des tresses châtain-roux reposaient sur son front comme une couronne ; ses yeux,

of a very golden brown, held mine with a look; and her face, which was perfectly shaped, was yet marred by a cruel, sullen, and sensual expression. Something in both face and figure, something exquisitely intangible, like the echo of an echo, suggested the features and bearing of my guide; and I stood awhile, unpleasantly attracted and wondering at the oddity of the resemblance. The common, carnal stock of that race, which had been originally designed for such high dames as the one now looking on me from the canvas, had fallen to baser uses, wearing country clothes, sitting on the shaft and holding the reins of a mule cart, to bring home a lodger. Perhaps an actual link subsisted; perhaps some scruple of the delicate flesh that was once clothed upon with the satin and brocade of the dead lady, now winced at the rude contact of Felipe's frieze.

The first light of the morning shone full upon the portrait, and, as I lay awake, my eyes continued to dwell upon it with growing complacency; its beauty crept about my heart insidiously, silencing my scruples one after another; and while I knew that to love such a woman were to sign and seal one's own sentence of degeneration, I still knew that, if she were alive, I should love her. Day after day the double knowledge of her wickedness and of my weakness grew clearer. She came to be the heroine of many day-dreams, in which her eyes led on to, and sufficiently rewarded, crimes.

d'un brun très doré, retenaient les miens par leur regard ; et son visage, d'une forme parfaite, était gâté néanmoins par une expression cruelle, maussade et sensuelle tout ensemble. Quelque chose dans le visage aussi bien que dans la silhouette, quelque chose d'extrêmement impalpable comme l'écho d'un écho évoquait les traits et la tournure de mon guide, et je restai quelque temps désagréablement attiré et surpris par la bizarrerie de la ressemblance. La souche charnelle de cette race, destinée originellement à produire de grandes dames comme celle qui me regardait depuis la toile, s'abaissait maintenant à de plus vils usages, portant des habits paysans et s'asseyant sur le timon d'une charrette dont elle menait les mules pour conduire un pensionnaire à la maison. Peut-être subsistait-il un lien réel, peut-être un petit reste de la chair délicate de la défunte, jadis vêtue de satin et de brocart, tressaillait-elle au rude contact de la ratine de Felipe.

La première lueur de l'aube tomba en plein sur le portrait, et, tandis que j'étais encore au lit, éveillé, mes yeux continuèrent à s'y poser avec une complaisance croissante. Sa beauté s'insinua insidieusement dans mon cœur, faisant taire mes réticences l'une après l'autre ; et tout en sachant qu'aimer une telle femme était signer et sceller son propre arrêt de dégénérescence, je savais aussi que, vivante, je l'aimerais. Jour après jour la double certitude de sa perversité et de ma faiblesse se fit plus nette. Elle devint l'héroïne de maints rêves éveillés dans lesquels ses yeux m'entraînaient à commettre des crimes qu'ils suffisaient à récompenser.

She cast a dark shadow on my fancy; and when I was out in the free air of heaven, taking vigorous exercise and healthily renewing the current of my blood, it was often a glad thought to me that my enchantress was safe in the grave, her wand of beauty broken, her lips closed in silence, her philtre spilt. And yet I had a half-lingering terror that she might not be dead after all, but re-arisen in the body of some descendant.

Felipe served my meals in my own apartment; and his resemblance to the portrait haunted me. At times it was not; at times, upon some change of attitude or flash of expression, it would leap out upon me like a ghost. It was above all in his ill tempers that the likeness triumphed. He certainly liked me; he was proud of my notice, which he sought to engage by many simple and child-like devices; he loved to sit close before my fire, talking his broken talk or singing his odd, endless, wordless songs, and sometimes drawing his hand over my clothes with an affectionate manner of caressing that never failed to cause in me an embarrassment of which I was ashamed. But for all that, he was capable of flashes of causeless anger and fits of sturdy sullenness. At a word of reproof, I have seen him upset the dish of which I was about to eat, and this not surreptitiously, but with defiance;

Elle jetait sur mon imagination une ombre noire, et, lorsque j'étais dehors à l'air libre du ciel, afin de prendre un vigoureux exercice et de renouveler la circulation de mon sang pour ma santé, c'était souvent pour moi une réconfortante pensée que de savoir mon enchanteresse en lieu sûr dans la tombe, la baguette magique de sa beauté brisée, ses lèvres closes dans le silence, son philtre répandu. Et pourtant j'avais comme une demi-terreur latente qu'elle pût n'être pas morte après tout, mais ressuscitée dans le corps de quelque descendante.

Felipe me servait les repas dans ma chambre, et sa ressemblance avec le portrait me hantait; parfois elle n'existait pas, parfois, à la faveur d'un changement d'attitude ou d'une expression fugitive, elle bondissait sur moi comme un spectre. C'était surtout dans ses moments de mauvaise humeur que la ressemblance triomphait. Il avait pour moi une inclination marquée; il était fier de mon attention, qu'il cherchait à éveiller par toutes sortes de stratagèmes aussi simples qu'enfantins; il aimait à s'asseoir près de mon feu, parlant à bâtons rompus ou chantant ses chansons bizarres sans paroles ni fin, et parfois passant sa main sur mes habits avec une sorte de caresse affectueuse qui ne manquait jamais de me causer un embarras dont j'avais honte. Mais en dépit de tout cela, il était capable d'accès de colère immotivés ou de maussaderie brutale. Je l'ai vu, sur un mot de reproche, renverser le plat que j'étais sur le point de manger, et cela non pas subrepticement, mais avec défi;

and similarly at a hint of inquisition. I was not unnaturally curious, being in a strange place and surrounded by strange people; but at the shadow of a question, he shrank back, lowering and dangerous. Then it was that, for a fraction of a second, this rough lad might have been the brother of the lady in the frame. But these humours were swift to pass; and the resemblance died along with them.

In these first days I saw nothing of any one but Felipe, unless the portrait is to be counted; and since the lad was plainly of weak mind, and had moments of passion, it may be wondered that I bore his dangerous neighbourhood with equanimity. As a matter of fact, it was for some time irksome; but it happened before long that I obtained over him so complete a mastery as set my disquietude at rest.

It fell in this way. He was by nature slothful, and much of a vagabond, and yet he kept by the house, and not only waited upon my wants, but laboured every day in the garden or small farm to the south of the residencia. Here he would be joined by the peasant whom I had seen on the night of my arrival, and who dwelt at the far end of the enclosure, about half a mile away, in a rude out-house; but it was plain to me that, of these two, it was Felipe who did most; and though I would sometimes see him throw down his spade and go to sleep among the very plants he had been digging,

et il faisait de même au moindre soupçon d'inquisition. Je ne me montrais pas plus curieux qu'il n'était naturel, me trouvant dans un endroit étranger et entouré de gens étrangers, mais au moindre semblant de question il se crispait et se renfrognait dangereusement. C'est alors que, pour une fraction de seconde, ce garçon grossier aurait pu être le frère de la dame du tableau. Mais ces humeurs étaient vite passées, et la ressemblance s'éteignait avec elles.

Ces premiers jours, je ne vis absolument personne d'autre que Felipe, à moins qu'il ne faille compter le portrait; et comme le garçon était évidemment faible d'esprit et qu'il avait des moments de fureur, on peut s'étonner que j'aie supporté son dangereux voisinage avec équanimité. En fait, il m'ennuya pendant quelque temps, mais je ne tardai pas à acquérir sur mon jeune compagnon un ascendant si complet que mon malaise s'en trouva apaisé.

Cela se produisit de la sorte. Felipe était paresseux de nature et fort vagabond, néanmoins il restait aux abords de la maison, non seulement pourvoyant à mes besoins, mais travaillant chaque jour au jardin ou dans la petite ferme qui se trouvait au sud de la residencia. Il était rejoint là par le paysan que j'avais vu la nuit de mon arrivée et qui habitait une grossière cabane à l'extrémité de la clôture, environ à un demi-mille; mais je me rendais fort bien compte que, des deux, c'était Felipe qui en faisait le plus; et, bien que je le visse parfois jeter sa bêche et s'endormir parmi les plantes mêmes qu'il venait d'arracher,

his constancy and energy were admirable in themselves, and still more so since I was well assured they were foreign to his disposition and the fruit of an ungrateful effort. But while I admired, I wondered what had called forth in a lad so shuttlewitted this enduring sense of duty. How was it sustained? I asked myself, and to what length did it prevail over his instincts? The priest was possibly his inspirer; but the priest came one day to the residencia. I saw him both come and go after an interval of close upon an hour, from a knoll where I was sketching, and all that time Felipe continued to labour undisturbed in the garden.

At last, in a very unworthy spirit, I determined to debauch the lad from his good resolutions, and, waylaying him at the gate, easily persuaded him to join me in a ramble. It was a fine day, and the woods to which I led him were green and pleasant and sweet-smelling and alive with the hum of insects. Here he discovered himself in a fresh character, mounting up to heights of gaiety that abashed me, and displaying an energy and grace of movement that delighted the eye. He leaped, he ran round me in mere glee; he would stop, and look and listen, and seem to drink in the world like a cordial; and then he would suddenly spring into a tree with one bound, and hang and gambol there like one at home. Little as he said to me, and that of not much import,

sa constance et son énergie forçaient l'admiration, d'autant plus que, j'en avais la certitude, elles
étaient étrangères à son tempérament et le fruit
d'un effort ingrat. Mais, tout en l'admirant, je me
demandais ce qui avait pu susciter chez un garçon aussi versatile ce durable sentiment du devoir.
Qu'est-ce qui le soutenait, me demandai-je, et
dans quelle mesure l'emportait-il sur ses instincts ?
Le prêtre avait pu l'inspirer. Mais le prêtre vint
une fois à la residencia ; je le vis arriver et repartir,
après un intervalle de près d'une heure, depuis
un tertre sur lequel j'étais en train de dessiner, et
pendant tout ce temps Felipe continua à travailler
au jardin sans se déranger.

À la fin, dans un sentiment très répréhensible,
je résolus de débaucher le garçon de ses bonnes
résolutions et, l'arrêtant au portail, je le persua-
dai sans peine de m'accompagner dans une excur-
sion. C'était une belle journée ; les bois où je le
menai étaient verts et agréables, fleurant bon et
animés d'insectes bourdonnants. Là, il se décou-
vrit sous un jour nouveau, atteignant des sommets
de gaieté qui me confondaient et déployant une
énergie et une grâce de mouvement qui char-
maient les yeux. Il sautait, il courait autour de moi
de pure joie ; il s'arrêtait pour regarder et écouter
et il semblait boire le monde comme un cordial ;
puis il s'élançait soudain dans un arbre d'un seul
bond, pour s'y suspendre et s'y ébattre comme s'il
était chez lui. Bien qu'il me parlât fort peu, et sans
rien dire de très important,

I have rarely enjoyed more stirring company; the sight of his delight was a continual feast; the speed and accuracy of his movements pleased me to the heart; and I might have been so thoughtlessly unkind as to make a habit of these wants, had not chance prepared a very rude conclusion to my pleasure. By some swiftness or dexterity the lad captured a squirrel in a tree-top. He was then some way ahead of me, but I saw him drop to the ground and crouch there, crying aloud for pleasure like a child. The sound stirred my sympathies, it was so fresh and innocent; but as I bettered my pace to draw near, the cry of the squirrel knocked upon my heart. I have heard and seen much of the cruelty of lads, and above all of peasants; but what I now beheld struck me into a passion of anger. I thrust the fellow aside, plucked the poor brute out of his hands, and with swift mercy killed it. Then I turned upon the torturer, spoke to him long out of the heat of my indignation, calling him names at which he seemed to wither; and at length, pointing toward the residencia, bade him begone and leave me, for I chose to walk with men, not with vermin. He fell upon his knees, and, the words coming to him with more clearness than usual, poured out a stream of the most touching supplications, begging me in mercy to forgive him, to forget what he had done, to look to the future. "O, I try so hard," he said.

j'ai rarement joui d'une compagnie plus stimulante ; le spectacle de son plaisir était une fête continuelle ; la rapidité et la précision de ses mouvements m'allaient droit au cœur, et j'aurais pu avoir la coupable légèreté de faire une habitude de ces promenades si le hasard n'avait mis fin avec beaucoup de rudesse à mon plaisir. À force de prestesse et de dextérité, Felipe avait capturé un écureuil à la cime d'un arbre. Il était alors à quelque distance devant moi, mais je le vis se laisser tomber à terre et s'accroupir en criant de joie comme un enfant. Ses accents éveillèrent ma sympathie tant ils étaient frais et innocents, mais comme je pressais le pas pour approcher, le cri de l'écureuil me frappa au cœur. J'avais beaucoup entendu parler, et vu moi-même beaucoup d'exemples de la cruauté des garçons, surtout des campagnards, mais ce que je découvris alors me mit dans un transport de colère. J'écartai le garçon, lui arrachai la pauvre bête des mains et la tuai promptement, par miséricorde. Puis je me retournai vers le bourreau, lui parlai longuement dans la chaleur de mon indignation en le traitant de noms sous lesquels il parut anéanti ; et enfin, lui montrant du doigt la residencia, je lui ordonnai de s'éloigner et de me laisser, car je désirais marcher de compagnie avec des hommes, mais non avec de la vermine. Il tomba à genoux et, les mots lui venant avec plus de netteté que de coutume, il déversa un torrent de supplications des plus touchantes, m'implorant de le prendre en pitié et de lui pardonner, d'oublier ce qu'il avait fait et de ne considérer que l'avenir. « Oh ! je fais tant d'efforts, s'écria-t-il.

"O, commandante, bear with Felipe this once; he will never be a brute again!" Thereupon, much more affected than I cared to show, I suffered myself to be persuaded, and at last shook hands with him and made it up. But the squirrel, by way of penance, I made him bury; speaking of the poor thing's beauty, telling him what pains it had suffered, and how base a thing was the abuse of strength. "See, Felipe," said I, "you are strong indeed; but in my hands you are as helpless as that poor thing of the trees. Give me your hand in mine. You cannot remove it. Now suppose that I were cruel like you, and took a pleasure in pain. I only tighten my hold, and see how you suffer." He screamed aloud, his face stricken ashy and dotted with needle-points of sweat; and when I set him free, he fell to the earth and nursed his hand and moaned over it like a baby. But he took the lesson in good part; and whether from that, or from what I had said to him, or the higher notion he now had of my bodily strength, his original affection was changed into a dog-like, adoring fidelity.

Meanwhile I gained rapidly in health. The residencia stood on the crown of a stony plateau; on every side the mountains hemmed it about; only from the roof, where was a bartizan, there might be seen between two peaks, a small segment of plain, blue with extreme distance. The air in these altitudes moved freely and largely;

Oh ! commandante, pardonnez pour cette fois à Felipe ; jamais plus il ne se conduira comme une brute ! » Sur quoi, beaucoup plus affecté que je ne voulais le montrer, je me laissai convaincre et finalement lui serrai la main pour conclure la paix. Mais en manière de pénitence, je lui fis enterrer l'écureuil, parlant de la beauté de la pauvre bête, disant quels tourments elle avait soufferts et combien c'était chose abjecte que d'abuser de sa force. « Tu vois, Felipe, lui dis-je. Tu es fort, il est vrai, mais entre mes mains, tu es aussi désarmé que cette pauvre créature des arbres. Donne-moi ta main. Tu ne peux plus la retirer. Suppose maintenant que je sois aussi cruel que toi et que je prenne plaisir à te faire mal. Je n'ai qu'à resserrer mon étreinte, et vois comme tu souffres. » Il poussa des cris, son visage devint couleur de cendre, se couvrit de petites perles de sueur et, quand je le libérai, il se jeta à terre et berça sa main en gémissant sur elle comme un bébé. Mais il prit la leçon en bonne part et, que ce fût à cause d'elle ou à cause de ce que je lui avais dit, ou encore du fait de la haute idée qu'il avait maintenant de ma force physique, son affection première se mua en une fidélité quasi canine, chargée d'adoration.

Cependant, je gagnais rapidement en santé. La residencia couronnait un plateau rocheux. Les montagnes l'environnaient de toutes parts. Du toit seulement, flanqué d'une échauguette, on pouvait voir entre deux pics un petit segment de plaine bleui par l'extrême distance. L'air, à ces altitudes, circulait librement et largement ;

great clouds congregated there, and were broken up by the wind and left in tatters on the hilltops; a hoarse, and yet faint rumbling of torrents rose from all round; and one could there study all the ruder and more ancient characters of nature in something of their pristine force. I delighted from the first in the vigorous scenery and changeful weather; nor less in the antique and dilapidated mansion where I dwelt. This was a large oblong, flanked at two opposite corners by bastion-like projections, one of which commanded the door, while both were loopholed for musketry. The lower storey was, besides, naked of windows, so that the building, if garrisoned, could not be carried without artillery. It enclosed an open court planted with pomegranate trees. From this a broad flight of marble stairs ascended to an open gallery, running all round and resting, towards the court, on slender pillars. Thence again, several enclosed stairs led to the upper storeys of the house, which were thus broken up into distinct divisions. The windows, both within and without, were closely shuttered; some of the stone-work in the upper parts had fallen; the roof, in one place, had been wrecked in one of the flurries of wind which were common in these mountains; and the whole house,

de grands nuages s'y rassemblaient, puis le vent les dispersait, laissant leurs lambeaux accrochés au sommet des monts. Le grondement rauque, quoique assourdi, des torrents s'élevait de toutes parts à la ronde, et l'on pouvait étudier sur place les linéaments les plus rudes et les plus anciens de la nature dans les vestiges de leur force primitive. Je fus ravi dès l'abord par la vigueur du paysage et le caractère changeant du temps, non moins que par l'antique manoir délabré où j'habitais. C'était un grand édifice oblong, flanqué à deux angles opposés par des sortes de bastions en saillie dont l'un commandait le portail et qui, tous deux, étaient percés de meurtrières pour la mousqueterie. L'étage inférieur, en outre, était privé de fenêtres, de sorte que l'édifice, pourvu qu'il eût une garnison, ne pouvait pas être emporté sans artillerie. Il renfermait une cour à ciel ouvert plantée de grenadiers. De celle-ci, un large escalier de marbre montait à une galerie à claire-voie qui courait tout autour en reposant, du côté de la cour, sur de minces piliers. Et de là d'autres escaliers clos conduisaient aux étages supérieurs de la maison, qui se trouvaient par là même divisés en sections distinctes. Les fenêtres, tant celles du dedans que du dehors, avaient des volets strictement clos. Une partie de la maçonnerie s'était écroulée dans le haut; le toit, en un endroit, avait été endommagé par l'une des bourrasques qui sont communes dans ces montagnes; et la maison tout entière,

in the strong, beating sunlight, and standing out above a grove of stunted cork-trees, thickly laden and discoloured with dust, looked like the sleeping palace of the legend. The court, in particular, seemed the very home of slumber. A hoarse cooing of doves haunted about the eaves; the winds were excluded, but when they blew outside, the mountain dust fell here as thick as rain, and veiled the red bloom of the pomegranates; shuttered windows and the closed doors of numerous cellars, and the vacant arches of the gallery, enclosed it; and all day long the sun made broken profiles on the four sides, and paraded the shadow of the pillars on the gallery floor. At the ground level there was, however, a certain pillared recess, which bore the marks of human habitation. Though it was open in front upon the court, it was yet provided with a chimney, where a wood fire would be always prettily blazing; and the tile floor was littered with the skins of animals.

It was in this place that I first saw my hostess. She had drawn one of the skins forward and sat in the sun, leaning against a pillar. It was her dress that struck me first of all, for it was rich and brightly coloured, and shone out in that dusty courtyard with something of the same relief as the flowers of the pomegranates. At a second look it was her beauty of person that took hold of me. As she sat back – watching me, I thought, though with invisible eyes –

baignée de la forte lumière du soleil qui tombait en plein sur elle et surgissant d'un bosquet de chênes-lièges rabougris et décolorés par l'épaisse poussière dont ils étaient chargés, ressemblait au château endormi de la légende. La cour, en particulier, paraissait être la demeure même du sommeil ; un rauque roucoulement de colombes hantait les larmiers ; les vents étaient bannis, mais quand ils soufflaient au-dehors, la poussière des montagnes tombait dru comme pluie, voilant la rouge floraison des grenadiers. Les fenêtres aux volets clos, les portes fermées de nombreuses caves et les arches vides de la galerie l'entouraient ; et tout le long du jour le soleil dessinait des profils brisés sur les quatre côtés et faisait parader l'ombre des piliers sur le pavement de la galerie. Au niveau du sol, il y avait toutefois un renfoncement à colonnes qui portait des traces d'habitation humaine. Bien qu'ouvert par-devant sur la cour, il était nanti d'une cheminée où flambait toujours joliment un feu de bois, et des peaux de bêtes jonchaient le sol carrelé.

C'est là que je vis pour la première fois mon hôtesse. Elle avait tiré au-dehors l'une des peaux et elle était assise au soleil, adossée à une colonne. Je fus frappé avant toutes choses par sa mise, qui était riche et haute en couleur et qui éclatait dans cette cour poussiéreuse avec le même relief en quelque sorte que les fleurs de grenadiers. Au second coup d'œil, ce fut la beauté de sa personne qui me saisit. Comme elle était assise ainsi, le corps rejeté en arrière – m'observant, pensai-je, quoique ses yeux fussent invisibles –,

and wearing at the same time an expression of almost imbecile good-humour and contentment, she showed a perfectness of feature and a quiet nobility of attitude that were beyond a statue's. I took off my hat to her in passing, and her face puckered with suspicion as swiftly and lightly as a pool ruffles in the breeze; but she paid no heed to my courtesy. I went forth on my customary walk a trifle daunted, her idol-like impassivity haunting me; and when I returned, although she was still in much the same posture, I was half surprised to see that she had moved as far as the next pillar, following the sunshine. This time, however, she addressed me with some trivial salutation, civilly enough conceived, and uttered in the same deep-chested, and yet indistinct and lisping tones, that had already baffled the utmost niceness of my hearing from her son. I answered rather at a venture; for not only did I fail to take her meaning with precision, but the sudden disclosure of her eyes disturbed me. They were unusually large, the iris golden like Felipe's, but the pupil at that moment so distended that they seemed almost black; and what affected me was not so much their size as (what was perhaps its consequence) the singular insignificance of their regard. A look more blankly stupid I have never met. My eyes dropped before it even as I spoke, and I went on my way upstairs to my own room, at once baffled and embarrassed.

et portant en même temps sur le visage une expression presque imbécile de bonne humeur et de contentement, elle offrait une perfection de traits et une tranquille noblesse d'attitude qui l'emportaient sur celles d'une statue. J'enlevai mon chapeau à son adresse en passant, et son visage se plissa de méfiance aussi rapidement et aussi légèrement qu'un étang se ride sous la brise ; mais elle resta insensible à ma politesse. Je partis pour ma promenade habituelle quelque peu déconfit et hanté par son impassibilité d'idole ; et quand je m'en revins, bien qu'elle fût toujours à peu près dans la même posture, je fus à demi surpris de voir qu'elle s'était déplacée jusqu'au pilier prochain, pour suivre le soleil. Cette fois cependant, elle m'adressa une salutation banale, assez civilement conçue et prononcée de ces mêmes tons, issus du fond de la poitrine quoique indistincts et zézayés, qui, venant du fils, avaient déjà déjoué toute la finesse dont mon oreille était capable. Je répondis plutôt au hasard, car non seulement je ne saisis pas exactement ce qu'elle voulait dire, mais la révélation soudaine de ses yeux me troubla. Ils étaient exceptionnellement grands, l'iris doré comme celui de Felipe, mais la pupille tellement dilatée à cet instant qu'ils semblaient presque noirs ; et ce qui me troubla n'était pas tant leur taille que (ce qui en était peut-être la conséquence) la singulière vacuité de leur regard. Je n'en ai jamais rencontré d'aussi vide, d'aussi stupide. Je baissai les yeux devant lui alors même que je parlais, et m'en fus, en remontant l'escalier, jusqu'à ma chambre, à la fois déconcerté et embarrassé.

Yet, when I came there and saw the face of the portrait, I was again reminded of the miracle of family descent. My hostess was, indeed, both older and fuller in person; her eyes were of a different colour; her face, besides, was not only free from the ill-significance that offended and attracted me in the painting; it was devoid of either good or bad – a moral blank expressing literally naught. And yet there was a likeness, not so much speaking as immanent, not so much in any particular feature as upon the whole. It should seem, I thought, as if when the master set his signature to that grave canvas, he had not only caught the image of one smiling and false-eyed woman, but stamped the essential quality of a race.

From that day forth, whether I came or went, I was sure to find the Señora seated in the sun against a pillar, or stretched on a rug before the fire; only at times she would shift her station to the top round of the stone staircase, where she lay with the same nonchalance right across my path. In all these days, I never knew her to display the least spark of energy beyond what she expended in brushing and re-brushing her copious copper-coloured hair, or in lisping out, in the rich and broken hoarseness of her voice, her customary idle salutations to myself. These, I think, were her two chief pleasures, beyond that of mere quiescence. She seemed always proud of her remarks,

Pourtant, une fois là, lorsque je me retrouvai devant le visage du portrait, je fus frappé derechef par le prodige de l'atavisme familial. Mon hôtesse était, à vrai dire, à la fois plus âgée et plus corpulente ; elle avait des yeux d'une autre couleur ; son visage, en outre, était non seulement exempt de l'expression perverse qui me choquait et m'attirait dans le tableau, mais de quoi que ce soit qui fût bon ou mauvais : c'était un vide moral qui n'exprimait littéralement rien. Et pourtant il y avait une ressemblance, moins explicite qu'implicite, décelable non pas tant dans tel ou tel trait particulier que dans l'ensemble. On dirait, pensai-je, que lorsque le maître a apposé sa signature sur cette toile si lourde de contenu, il n'avait pas seulement saisi l'image d'une femme souriante aux yeux perfides, il y avait imprimé aussi la qualité essentielle d'une race.

À dater de ce jour, dans mes allées et venues, j'étais sûr de trouver la señora assise au soleil contre un pilier ou étendue sur une carpette devant le feu, à moins qu'elle n'eût changé de position en faveur du faîte circulaire de l'escalier de pierre, où elle s'allongeait avec la même nonchalance, juste en travers de ma route. Pendant tous ces jours-là, je ne la vis jamais déployer la moindre énergie autre que celle qu'elle dépensait à brosser et à rebrosser son abondante chevelure cuivrée ou à zézayer à mon adresse, dans la richesse de sa voix rauque et brisée, ses habituelles salutations nonchalantes. C'étaient là, je pense, ses deux plaisirs principaux après celui du pur abandon au repos. Elle semblait toujours fière de ses remarques,

as though they had been witticisms: and, indeed, though they were empty enough, like the conversation of many respectable persons, and turned on a very narrow range of subjects, they were never meaningless or incoherent; nay, they had a certain beauty of their own, breathing, as they did, of her entire contentment. Now she would speak of the warmth, in which (like her son) she greatly delighted; now of the flowers of the pomegranate trees, and now of the white doves and long-winged swallows that fanned the air of the court. The birds excited her. As they raked the eaves in their swift flight, or skimmed sidelong past her with a rush of wind, she would sometimes stir, and sit a little up, and seem to awaken from her doze of satisfaction. But for the rest of her days she lay luxuriously folded on herself and sunk in sloth and pleasure. Her invincible content at first annoyed me, but I came gradually to find repose in the spectacle, until at last it grew to be my habit to sit down beside her four times in the day, both coming and going, and to talk with her sleepily, I scarce knew of what. I had come to like her dull, almost animal neighbourhood; her beauty and her stupidity soothed and amused me. I began to find a kind of transcendental good sense in her remarks, and her unfathomable good nature moved me to admiration and envy.

comme d'autant de traits d'esprit; et en vérité, bien qu'elles fussent aussi vides que peut l'être la conversation de mainte personne respectable et qu'elles se bornassent à une gamme de sujets très limitée, elles n'étaient jamais dépourvues de sens ni de cohérence; bien plus, elles avaient une certaine beauté propre du fait qu'elles respiraient son entier contentement. Tantôt elle parlait de la chaleur, dont (comme son fils) elle tirait une grande jouissance, tantôt des fleurs des grenadiers et tantôt des colombes blanches et des hirondelles aux longues ailes qui battaient l'air de la cour. Les oiseaux l'intéressaient. Lorsqu'ils frôlaient les larmiers de leur vol preste ou qu'ils l'effleuraient elle-même en passant à son côté dans une bouffée de vent, elle remuait parfois et se redressait un peu sur son séant en semblant émerger de sa somnolence satisfaite. Mais pour le reste de ses journées, elle était étendue, voluptueusement repliée sur elle-même et plongée dans une délicieuse fainéantise. Son contentement invincible m'agaça tout d'abord, mais j'en vins peu à peu à trouver un apaisement dans ce spectacle, et en fin de compte je pris l'habitude de m'asseoir à côté d'elle quatre fois par jour, aussi bien lorsque je sortais que lorsque je rentrais, et de parler avec elle d'une manière somnolente, sans guère savoir de quoi. J'en étais venu à aimer son voisinage hébété, presque animal; sa beauté et sa stupidité me calmaient et m'amusaient. Je commençais à trouver une sorte de bon sens transcendant à ses remarques, et son insondable bon naturel excitait mon admiration et mon envie.

The liking was returned; she enjoyed my presence half-unconsciously, as a man in deep meditation may enjoy the babbling of a brook. I can scarce say she brightened when I came, for satisfaction was written on her face eternally, as on some foolish statue's; but I was made conscious of her pleasure by some more intimate communication than the sight. And one day, as I set within reach of her on the marble step, she suddenly shot forth one of her hands and patted mine. The thing was done, and she was back in her accustomed attitude, before my mind had received intelligence of the caress; and when I turned to look her in the face I could perceive no answerable sentiment. It was plain she attached no moment to the act, and I blamed myself for my own more uneasy consciousness.

The sight and (if I may so call it) the acquaintance of the mother confirmed the view I had already taken of the son. The family blood had been impoverished, perhaps by long inbreeding, which I knew to be a common error among the proud and the exclusive. No decline, indeed, was to be traced in the body, which had been handed down unimpaired in shapeliness and strength; and the faces of to-day were struck as sharply from the mint as the face of two centuries ago that smiled upon me from the portrait. But the intelligence (that more precious heirloom) was degenerate; the treasure of ancestral memory ran low;

La sympathie était réciproque ; la señora jouissait à demi inconsciemment de ma présence, comme un homme abîmé dans une méditation profonde peut jouir du babil d'un ruisseau. Je ne peux pas vraiment dire qu'elle s'illuminait à ma venue, car la satisfaction était écrite perpétuellement sur son visage comme sur celui d'une sotte statue ; mais j'étais averti de son plaisir par quelque mode de communication plus intime que la vue. Et un jour que j'étais assis à sa portée sur le degré de marbre, elle étendit soudain l'une de ses mains et tapota la mienne. Après cela, elle avait repris sa posture accoutumée, avant que la caresse eût été transmise à mon esprit, et quand je me retournai pour regarder son visage, je n'y perçus aucun sentiment qui témoignât qu'elle en fût responsable. Il était clair qu'elle n'attachait aucune importance à son geste et je me reprochai d'en avoir moi-même une conscience plus inquiète.

La vue et (si je puis dire) le commerce de la mère confirmèrent l'idée que je m'étais faite du fils. Le sang de la famille avait été appauvri, peut-être par une longue pratique des unions consanguines que je savais être une erreur commune dans les familles orgueilleuses et exclusives. Aucun dépérissement, à vrai dire, n'était perceptible dans le corps, qui avait été transmis intact en force et en beauté, et les visages d'aujourd'hui portaient aussi nettement l'empreinte de leur frappe que le visage d'il y avait deux siècles qui me souriait de son cadre. Mais l'intelligence – ce plus précieux héritage – avait dégénéré ; le trésor d'ancestrale mémoire était presque épuisé ;

and it had required the potent, plebeian crossing of a muleteer or mountain *contrabandista* to raise what approached hebetude in the mother into the active oddity of the son. Yet of the two, it was the mother I preferred. Of Felipe, vengeful and placable, full of starts and shyings, inconstant as a hare, I could even conceive as a creature possibly noxious. Of the mother I had no thoughts but those of kindness. And indeed, as spectators are apt ignorantly to take sides, I grew something of a partisan in the enmity which I perceived to smoulder between them. True, it seemed mostly on the mother's part. She would sometimes draw in her breath as he came near, and the pupils of her vacant eyes would contract as if with horror or fear. Her emotions, such as they were, were much upon the surface and readily shared; and this latent repulsion occupied my mind, and kept me wondering on what grounds it rested, and whether the son was certainly in fault.

I had been about ten days in the residencia, when there sprang up a high and harsh wind, carrying clouds of dust. It came out of malarious lowlands, and over several snowy sierras. The nerves of those on whom it blew were strung and jangled; their eyes smarted with the dust; their legs ached under the burthen of their body; and the touch of one hand upon another grew to be odious.

et il avait fallu le puissant, le plébéien croisement d'un muletier ou d'un *contrabandista* des montagnes pour élever ce qui approchait de l'hébétude chez la mère à la bizarrerie active du fils. Pourtant, des deux, c'était la mère que je préférais. Felipe, vindicatif encore qu'apaisable, plein de tressaillements et de timidité, inconstant comme un lièvre, pouvait même, me semblait-il, être capable de nuire. À la mère, par contre, je ne prêtais que de bons penchants. Et en vérité, comme les spectateurs sont enclins à se prononcer en toute ignorance, je pris quelque peu parti devant l'inimitié que je voyais couver entre eux. Il est vrai qu'elle semblait venir surtout de la mère. Celle-ci retenait parfois son souffle quand il approchait et les pupilles de ses yeux vides se contractaient, comme d'horreur ou d'effroi. Ses émotions, si l'on peut dire, étaient très superficielles et faciles à partager. Cette répulsion latente occupa mon esprit et me fit me demander sur quoi elle était fondée et si le fils était vraiment fautif.

J'étais depuis une dizaine de jours à la residencia quand s'éleva un grand vent âpre, chargé de nuages de poussière. Il venait des basses terres imprégnées de malaria par-dessus plusieurs sierras neigeuses. Ceux qui le subissaient avaient les nerfs tendus, ébranlés, et les yeux brûlants de poussière, leurs jambes peinaient sous le poids de leur corps, et le simple contact de leur propre main venant à frôler l'autre leur devenait odieux.

The wind, besides, came down the gullies of the hills and stormed about the house with a great, hollow buzzing and whistling that was wearisome to the ear and dismally depressing to the mind. It did not so much blow in gusts as with the steady sweep of a waterfall, so that there was no remission of discomfort while it blew. But higher upon the mountain, it was probably of a more variable strength, with accesses of fury; for there came down at times a far-off wailing, infinitely grievous to hear; and at times, on one of the high shelves or terraces, there would start up, and then disperse, a tower of dust, like the smoke of an explosion.

I no sooner awoke in bed than I was conscious of the nervous tension and depression of the weather, and the effect grew stronger as the day proceeded. It was in vain that I resisted; in vain that I set forth upon my customary morning's walk; the irrational, unchanging fury of the storm had soon beat down my strength and wrecked my temper; and I returned to the residencia, glowing with dry heat, and foul and gritty with dust. The court had a forlorn appearance; now and then a glimmer of sun fled over it; now and then the wind swooped down upon the pomegranates, and scattered the blossoms, and set the window shutters clapping on the wall. In the recess the Señora was pacing to and fro with a flushed countenance and bright eyes; I thought, too, she was speaking to herself, like one in anger.

Le vent, avec cela, dévalait les montagnes en s'engouffrant dans les ravins et tempêtait autour de la maison avec une grande rumeur caverneuse mêlée de sifflements qui était lassante pour l'oreille et affreusement déprimante pour l'esprit. Il ne soufflait pas tant par rafales qu'avec la précipitation régulière d'une chute d'eau, de sorte qu'il n'y avait point de rémission au malaise, aussi longtemps qu'il soufflait. Mais vers les cimes il était sans doute d'une force plus variable, et il devait avoir des accès de fureur, car de là-haut descendait parfois une plainte lointaine, infiniment pénible à entendre ; et parfois aussi, sur l'une des hautes corniches ou terrasses, s'édifiait, puis se dispersait une colonne de poussière, telle la fumée d'une explosion.

Dès l'instant où je m'éveillai dans mon lit, j'eus conscience de la tension et de la dépression nerveuses qui étaient dues au temps, et l'effet ne fit que croître à mesure que la journée s'avança. C'est en vain que je résistai ; en vain que j'allai faire ma promenade matinale accoutumée : la fureur insensée, constante, de la tempête eut bientôt vaincu mes forces et détraqué mon humeur, et je revins à la residencia rouge de chaleur sèche et barbouillé d'une poussière sablonneuse. La cour avait un aspect désolé. Parfois une lueur lugubre la parcourait ; parfois aussi, le vent fondait sur les grenadiers, en éparpillait les fleurs et faisait claquer les volets contre le mur. Dans le renfoncement, la señora allait et venait avec une mine fiévreuse et des yeux brillants. Il me sembla aussi qu'elle se parlait à elle-même comme quelqu'un qui est en colère.

But when I addressed her with my customary salutation, she only replied by a sharp gesture and continued her walk. The weather had distempered even this impassive creature; and as I went on upstairs I was the less ashamed of my own discomposure.

All day the wind continued; and I sat in my room and made a feint of reading, or walked up and down, and listened to the riot overhead. Night fell, and I had not so much as a candle. I began to long for some society, and stole down to the court. It was now plunged in the blue of the first darkness; but the recess was redly lighted by the fire. The wood had been piled high, and was crowned by a shock of flames, which the draught of the chimney brandished to and fro. In this strong and shaken brightness the Señora continued pacing from wall to wall with disconnected gestures, clasping her hands, stretching forth her arms, throwing back her head as in appeal to heaven. In these disordered movements the beauty and grace of the woman showed more clearly; but there was a light in her eye that struck on me unpleasantly; and when I had looked on awhile in silence, and seemingly unobserved, I turned tail as I had come, and groped my way back again to my own chamber.

By the time Felipe brought my supper and lights, my nerve was utterly gone; and, had the lad been such as I was used to seeing him, I should have kept him (even by force, had that been necessary) to take off the edge from my distasteful solitude.

Mais quand je lui adressai ma salutation coutumière, elle ne me répondit que par un geste brusque en poursuivant sa marche. Le temps avait dérangé jusqu'à cette impassible créature, et, en remontant chez moi, je fus moins honteux de ma propre agitation.

Toute la journée le vent persista, cependant que je restais assis dans ma chambre, faisant mine de lire, ou que je marchais de long en large en écoutant le vacarme aérien. La nuit tomba et je n'avais même pas de bougie. Commençant à sentir le besoin d'une compagnie, quelle qu'elle fût, je me glissai en bas dans la cour. Elle était alors plongée dans le bleu des premières heures nocturnes, sauf le renfoncement rougi par le feu. Le bois, empilé haut, était couronné par un toupet de flammes que le tirage de la cheminée agitait çà et là. Dans cette clarté intense et mouvante, la señora continuait à marcher d'un mur à l'autre avec des gestes décousus, serrant ses mains l'une contre l'autre, tendant les bras ou rejetant la tête en arrière comme pour implorer le ciel. Dans ces mouvements désordonnés, sa grâce et sa beauté se montraient plus clairement, mais il y avait dans ses yeux une lueur qui me fit une impression désagréable; et, après avoir regardé quelque temps en silence, sans être observé selon toute apparence, je m'en retournai comme j'étais venu, regagnant ma chambre à tâtons.

Lorsque Felipe m'apporta mon souper et des lumières, j'avais les nerfs parfaitement à bout; et si le garçon avait été tel que j'étais habitué à le voir, je l'aurais gardé (même de force, au besoin) pour atténuer mon intolérable solitude.

But on Felipe, also, the wind had exercised its influence. He had been feverish all day; now that the night had come he was fallen into a low and tremulous humour that reacted on my own. The sight of his scared face, his starts and pallors and sudden hearkenings, unstrung me; and when he dropped and broke a dish, I fairly leaped out of my seat.

"I think we are all mad to-day," said I, affecting to laugh.

"It is the black wind," he replied dolefully. "You feel as if you must do something, and you don't know what it is."

I noted the aptness of the description; but, indeed, Felipe had sometimes a strange felicity in rendering into words the sensations of the body. "And your mother, too," said I; "she seems to feel this weather much. Do you not fear she may be unwell?"

He stared at me a little, and then said, "No," almost defiantly; and the next moment, carrying his hand to his brow, cried out lamentably on the wind and the noise that made his head go round like a millwheel. "Who can be well?" he cried; and, indeed, I could only echo his question, for I was disturbed enough myself.

I went to bed early, wearied with day-long restlessness, but the poisonous nature of the wind, and its ungodly and unintermittent uproar, would not suffer me to sleep.

Mais sur Felipe aussi le vent avait exercé son influence. Il avait été fiévreux tout le jour ; et, maintenant que la nuit était venue, il était tombé dans une humeur sombre et agitée qui déteignait sur moi. La vue de son visage effrayé, de ses sursauts, de ses pâleurs, de la façon qu'il avait de tendre soudain l'oreille me mit hors de moi. Et quand il laissa tomber un plat qui se brisa, je bondis bel et bien de mon siège.

« Je crois que nous sommes tous fous aujourd'hui, dis-je en affectant de rire.

— C'est le vent noir, répondit-il d'un ton lugubre. On sent qu'il faut faire quelque chose et on ne sait pas quoi. »

Je remarquai la justesse de la description ; mais, de fait, Felipe traduisait parfois en mots avec un étrange bonheur les sensations du corps. « Ta mère, elle aussi, repris-je, semble très éprouvée par ce temps-là. Ne crains-tu pas qu'elle soit souffrante ? »

Il me regarda un instant fixement, puis jeta « Non ! » presque avec défi ; et le moment d'après, portant la main à son front, il se plaignit amèrement du vent et du bruit qui lui faisaient tourner la tête comme une roue de moulin. « Qui pourrait être bien ? » s'écria-t-il. Et de fait, je ne pus que faire écho à sa question, dérangé comme je l'étais moi-même.

Je me couchai de bonne heure, fatigué par l'agitation qui avait marqué toute la journée ; mais la nature pernicieuse du vent et son vacarme infernal et ininterrompu ne me permirent pas de m'endormir.

I lay there and tossed, my nerves and senses on the stretch. At times I would doze, dream horribly, and wake again; and these snatches of oblivion confused me as to time. But it must have been late on in the night, when I was suddenly startled by an outbreak of pitiable and hateful cries. I leaped from my bed, supposing I had dreamed; but the cries still continued to fill the house, cries of pain, I thought, but certainly of rage also, and so savage and discordant that they shocked the heart. It was no illusion; some living thing, some lunatic or some wild animal, was being foully tortured. The thought of Felipe and the squirrel flashed into my mind, and I ran to the door, but it had been locked from the outside; and I might shake it as I pleased, I was a fast prisoner. Still the cries continued. Now they would dwindle down into a moaning that seemed to be articulate, and at these times I made sure they must be human; and again they would break forth and fill the house with ravings worthy of hell. I stood at the door and gave ear to them, till at last they died away. Long after that, I still lingered and still continued to hear them mingle in fancy with the storming of the wind; and when at last I crept to my bed, it was with a deadly sickness and a blackness of horror on my heart.

It was little wonder if I slept no more. Why had I been locked in? What had passed?

Je me retournais sans cesse dans mon lit, les nerfs et les sens exacerbés. De temps à autre, je m'assoupissais, faisais un rêve horrible et me réveillais ; et ces pertes de conscience intermittentes brouillèrent la notion que j'avais du temps. Mais ce dut être tard dans la nuit que je fus éveillé soudain en sursaut par une explosion de cris affreux et pitoyables. Je sautai à bas de mon lit, croyant avoir rêvé ; cependant, les cris continuèrent à remplir la maison – des cris de douleur, pensai-je, mais de rage aussi certainement, et si sauvages et discordants qu'ils bouleversaient le cœur. Ce n'était pas une illusion ; une créature vivante, un dément ou encore un animal sauvage, était en train de subir d'atroces tourments. La pensée de Felipe et de l'écureuil traversa mon esprit comme un éclair, et je courus à la porte, mais la trouvai fermée de l'extérieur ; j'eus beau la secouer autant que je voulais, j'étais bel et bien prisonnier. Cependant, les cris continuaient. Tantôt ils s'affaiblissaient jusqu'à se réduire à un gémissement qui semblait être articulé, et alors, j'avais la certitude qu'ils étaient sûrement humains ; tantôt ils éclataient de plus belle et remplissaient la maison de délires dignes de l'enfer. Je restai devant la porte à écouter jusqu'au moment où, enfin, ils s'évanouirent. Longtemps après, je demeurai aux aguets, continuant à les entendre se mêler dans mon imagination aux déchaînements du vent ; et lorsque enfin je me traînai jusqu'à mon lit, ce fut avec une mortelle nausée et une noire horreur au cœur.

Rien d'étonnant si je fus incapable de me rendormir. Pourquoi m'avait-on enfermé et que s'était-il passé ?

Who was the author of these indescribable and shocking cries? A human being? It was inconceivable. A beast? The cries were scarce quite bestial; and what animal, short of a lion or a tiger, could thus shake the solid walls of the residencia? And while I was thus turning over the elements of the mystery, it came into my mind that I had not yet set eyes upon the daughter of the house. What was more probable than that the daughter of the Señora, and the sister of Felipe, should be herself insane? Or, what more likely than that these ignorant and half-witted people should seek to manage an afflicted kinswoman by violence? Here was a solution; and yet when I called to mind the cries (which I never did without a shuddering chill) it seemed altogether insufficient: not even cruelty could wring such cries from madness. But of one thing I was sure: I could not live in a house where such a thing was half conceivable, and not probe the matter home and, if necessary, interfere.

The next day came, the wind had blown itself out, and there was nothing to remind me of the business of the night. Felipe came to my bedside with obvious cheerfulness; as I passed through the court, the Señora was sunning herself with her accustomed immobility; and when I issued from the gateway, I found the whole face of nature austerely smiling,

Quel était l'auteur de ces cris indescriptibles et choquants? Un être humain? C'était inconcevable. Une bête? Les cris n'avaient pas une intonation tout à fait bestiale; et quel animal, en dehors d'un lion ou d'un tigre, aurait pu faire trembler de telle sorte les murs massifs de la residencia? Tandis que je retournais ainsi dans ma tête les éléments du mystère, il me vint à l'esprit que je n'avais pas encore posé mon regard sur la fille de la maison. N'était-ce pas chose des plus vraisemblables que la fille de la señora et la sœur de Felipe fût elle-même démente? Ou que ces gens ignorants et à demi simples d'esprit cherchassent à mater une parente atteinte de folie par la violence? C'était là une explication; et pourtant, quand je me rappelais les cris (ce que je ne faisais jamais sans un frisson), elle semblait franchement insuffisante; même la cruauté ne pouvait arracher pareils hurlements à la démence. Mais il y avait une chose dont j'étais sûr: je ne pouvais pas vivre dans une maison où pareille chose était ne fût-ce que concevable sans aller au fond de l'affaire et, au besoin, intervenir.

Le jour suivant arriva. Le vent avait épuisé ses forces, et il n'y avait rien pour me rappeler ce qui s'était passé dans la nuit. Felipe vint à mon chevet avec un entrain évident. Lorsque je traversai la cour, la señora profitait du soleil avec son immobilité accoutumée. Et, quand j'eus franchi le portail, je trouvai le visage de la nature empreint tout entier d'un grave sourire,

the heavens of a cold blue, and sown with great cloud islands, and the mountain-sides mapped forth into provinces of light and shadow. A short walk restored me to myself, and renewed within me the resolve to plumb this mystery; and when, from the vantage of my knoll, I had seen Felipe pass forth to his labours in the garden, I returned at once to the residencia to put my design in practice. The Señora appeared plunged in slumber; I stood awhile and marked her, but she did not stir; even if my design were indiscreet, I had little to fear from such a guardian; and turning away, I mounted to the gallery and began my exploration of the house.

All morning I went from one door to another, and entered spacious and faded chambers, some rudely shuttered, some receiving their full charge of daylight, all empty and unhomely. It was a rich house, on which Time had breathed his tarnish and dust had scattered disillusion. The spider swung there; the bloated tarantula scampered on the cornices; ants had their crowded highways on the floor of halls of audience; the big and foul fly, that lives on carrion and is often the messenger of death, had set up his nest in the rotten woodwork, and buzzed heavily about the rooms. Here and there a stool or two, a couch, a bed, or a great carved chair remained behind, like islets on the bare floors, to testify of man's bygone habitation; and everywhere the walls were set with the portraits of the dead. I could judge,

les cieux d'un bleu froid et semés de grandes îles de nuages, et les versants des montagnes divisés comme sur une carte en provinces de lumière et d'ombre. Une courte promenade me remit d'aplomb et renouvela ma résolution de sonder le mystère ; et quand, du tertre où j'étais monté, je vis Felipe qui s'en allait travailler au jardin, je retournai aussitôt à la residencia pour mettre mon projet à exécution. La señora semblait plongée dans le sommeil. Je restai quelque temps à l'observer, mais elle ne bougea pas ; même si mon dessein était indiscret, j'avais peu à craindre de pareille gardienne. Me détournant, je montai à la galerie et commençai à explorer la maison.

Toute la matinée, j'allai d'une porte à l'autre, pénétrant dans des pièces spacieuses et fanées, les unes obscurcies par des volets de fortune, les autres recevant leur pleine charge de jour, toutes vides et inhospitalières. C'était une riche demeure que l'haleine du temps avait flétrie et où la poussière semait le désenchantement. L'araignée s'y balançait, la tarentule bouffie détalait sur les corniches, les fourmis avaient leurs grand-routes populeuses sur le plancher des salles d'audience. L'infecte grosse mouche qui se repaît de charogne et qui est souvent messagère de mort avait fait son nid dans la charpente pourrie et bourdonnait lourdement dans les pièces. Çà et là un tabouret ou deux, un canapé, un lit ou une grande chaise sculptée étaient demeurés, telles des îles sur le sol nu, pour témoigner de l'habitation passée de l'homme ; et partout sur les murs s'alignaient les portraits des morts. Je pouvais juger,

by these decaying effigies, in the house of what a great and what a handsome race I was then wandering. Many of the men wore orders on their breasts and had the port of noble offices; the women were all richly attired; the canvases most of them by famous hands. But it was not so much these evidences of greatness that took hold upon my mind, even contrasted, as they were, with the present depopulation and decay of that great house. It was rather the parable of family life that I read in this succession of fair faces and shapely bodies. Never before had I so realised the miracle of the continued race, the creation and re-creation, the weaving and changing and handing down of fleshly elements. That a child should be born of its mother, that it should grow and clothe itself (we know not how) with humanity, and put on inherited looks, and turn its head with the manner of one ascendant, and offer its hand with the gesture of another, are wonders dulled for us by repetition. But in the singular unity of look, in the common features and common bearing, of all these painted generations on the walls of the residencia, the miracle started out and looked me in the face. And an ancient mirror falling opportunely in my way, I stood and read my own features a long while, tracing out on either hand the filaments of descent and the bonds that knit me with my family.

At last, in the course of these investigations, I opened the door of a chamber that bore the marks of habitation.

par ces effigies en cours de délabrement, dans la maison de quelle grande et belle race j'étais en train d'errer. Un grand nombre des hommes portaient des ordres sur leur poitrine et avaient le port de nobles dignitaires ; les femmes étaient toutes richement parées ; les toiles, pour la plupart, de mains célèbres. Mais ce n'étaient pas tant ces marques de grandeur qui frappaient mon esprit, même par le contraste qu'elles formaient avec le dépeuplement et le délabrement actuels de cette grande maison. C'était plutôt la parabole de la vie d'une famille que je lisais dans cette suite de beaux visages et de corps gracieux. Jamais encore je n'avais si bien pris conscience du miracle de la continuité d'une race ; de la création et de la recréation, de l'entremêlement, du changement et de la transmission d'éléments charnels. Qu'un enfant naisse de sa mère, qu'il grandisse et se revête (on ne sait comment) d'humanité, qu'il prenne des traits hérités, tournant la tête à la manière d'un ancêtre et tendant la main avec le geste d'un autre, sont des prodiges que la répétition banalise à nos yeux. Mais dans la singulière unité d'apparence, dans la communauté de traits et de port de toutes les générations peintes qui s'offraient sur les murs de la residencia, le miracle se manifestait et me regardait en face. Et un miroir ancien tombant opportunément sur mon chemin, je restai longtemps à y lire mes propres traits, en retrouvant des deux côtés les fils de continuité et les liens qui m'unissaient à ma famille.

Enfin, au cours de ces investigations, j'ouvris la porte d'une chambre qui portait des marques d'habitation.

It was of large proportions and faced to the north, where the mountains were most wildly figured. The embers of a fire smouldered and smoked upon the hearth, to which a chair had been drawn close. And yet the aspect of the chamber was ascetic to the degree of sternness; the chair was uncushioned; the floor and walls were naked; and beyond the books which lay here and there in some confusion, there was no instrument of either work or pleasure. The sight of books in the house of such a family exceedingly amazed me; and I began with a great hurry, and in momentary fear of interruption, to go from one to another and hastily inspect their character. They were of all sorts, devotional, historical, and scientific, but mostly of a great age and in the Latin tongue. Some I could see to bear the marks of constant study; others had been torn across and tossed aside as if in petulance or disapproval. Lastly, as I cruised about that empty chamber, I espied some papers written upon with pencil on a table near the window. An unthinking curiosity led me to take one up. It bore a copy of verses, very roughly metred in the original Spanish, and which I may render somewhat thus –

> *Pleasure approached with pain and shame,*
> *Grief with a wreath of lilies came.*
> *Pleasure showed the lovely sun;*
> *Jesu dear, how sweet it shone!*
> *Grief with her worn hand pointed on,*
> *Jesu dear, to thee!*

Elle était de grandes proportions et faisait face au nord, où les montagnes offraient les contours les plus fantastiques. Les cendres d'un feu couvaient et fumaient dans l'âtre près duquel on avait tiré une chaise. Et pourtant la chambre avait une sévérité ascétique; la chaise n'était pas rembourrée; le plancher et les murs étaient nus; et, à part les livres qui étaient posés çà et là de manière assez désordonnée, on ne voyait point d'instruments de travail ni de plaisir. La présence de livres dans la maison de pareille famille me causa une extrême surprise, et c'est avec beaucoup de hâte – avec aussi, par moments, la crainte d'être interrompu – que je me mis à examiner rapidement leur caractère. C'étaient des ouvrages de toutes sortes: de dévotion, d'histoire, de science, mais pour la plupart d'un grand âge et en langue latine. Certains, comme je pus le voir, portaient les marques d'une étude constante. D'autres avaient été déchirés et jetés de côté comme par désapprobation ou agacement. Finalement, en parcourant cette chambre vide, j'avisai sur une table voisine de la fenêtre des feuillets sur lesquels quelqu'un avait écrit au crayon. Une curiosité irréfléchie me fit prendre l'un d'eux. Il portait des vers en espagnol, scandés de façon très fruste et qu'on pourrait rendre à peu près ainsi:

Le Plaisir est venu tout près, apportant la peine et la honte,
Le Chagrin aussi est venu, avec une guirlande de lys.
Le Plaisir m'a montré son soleil de délices,
Rayonnant, cher Jésus, et de quel doux éclat!
Mais, cher Jésus, c'est toi
Que, de sa main fripée, le Chagrin m'a montré!

Shame and confusion at once fell on me; and, laying down the paper, I beat an immediate retreat from the apartment. Neither Felipe nor his mother could have read the books nor written these rough but feeling verses. It was plain I had stumbled with sacrilegious feet into the room of the daughter of the house. God knows, my own heart most sharply punished me for my indiscretion. The thought that I had thus secretly pushed my way into the confidence of a girl so strangely situated, and the fear that she might somehow come to hear of it, oppressed me like guilt. I blamed myself besides for my suspicions of the night before; wondered that I should ever have attributed those shocking cries to one of whom I now conceived as of a saint, spectral of mien, wasted with maceration, bound up in the practices of a mechanical devotion, and dwelling in a great isolation of soul with her incongruous relatives; and as I leaned on the balustrade of the gallery and looked down into the bright close of pomegranates and at the gaily dressed and somnolent woman, who just then stretched herself and delicately licked her lips as in the very sensuality of sloth, my mind swiftly compared the scene with the cold chamber looking northward on the mountains, where the daughter dwelt.

That same afternoon, as I sat upon my knoll, I saw the Padre enter the gates of the residencia.

La honte et la confusion s'emparèrent aussitôt de moi ; et, déposant le feuillet, je battis immédiatement en retraite en sortant de la chambre. Ni Felipe ni sa mère n'auraient pu lire ces livres ni écrire ces vers de facture grossière, mais fort sentis. Il était clair que j'avais foulé d'un pied sacrilège la chambre de la jeune fille de la maison. Dieu sait si mon cœur me punit sévèrement de mon indiscrétion. L'idée que je m'étais ainsi introduit furtivement dans les secrets d'une jeune fille placée dans une position si étrange et la crainte qu'elle pût venir à l'apprendre d'une manière ou d'une autre m'accabla de tout le poids d'une faute. Je me reprochai en outre les soupçons que j'avais eus la nuit précédente ; je m'étonnai d'avoir jamais attribué ces cris atroces à quelqu'un que je me représentais maintenant comme une sainte à la mine spectrale, minée par les macérations, assujettie aux pratiques d'une dévotion machinale et habitant dans un grand isolement de cœur avec ses parents incongrus ; et comme je m'appuyais à la balustrade de la galerie en regardant en bas, dans le brillant clos de grenadiers, la femme somnolente, vêtue de couleurs vives, qui était alors en train de s'étirer et qui se pourléchait délicatement les lèvres avec toute la sensualité de l'indolence, mon esprit compara aussitôt la scène à la froide chambre donnant au nord sur les montagnes, où habitait la fille.

Le même après-midi, comme j'étais assis sur mon tertre, je vis le Padre entrer par le portail de la residencia.

The revelation of the daughter's character had struck home to my fancy, and almost blotted out the horrors of the night before; but at sight of this worthy man the memory revived. I descended, then, from the knoll, and making a circuit among the woods, posted myself by the wayside to await his passage. As soon as he appeared I stepped forth and introduced myself as the lodger of the residencia. He had a very strong, honest countenance, on which it was easy to read the mingled emotions with which he regarded me, as a foreigner, a heretic, and yet one who had been wounded for the good cause. Of the family at the residencia he spoke with reserve, and yet with respect. I mentioned that I had not yet seen the daughter, whereupon he remarked that that was as it should be, and looked at me a little askance. Lastly, I plucked up courage to refer to the cries that had disturbed me in the night. He heard me out in silence, and then stopped and partly turned about, as though to mark beyond doubt that he was dismissing me.

"Do you take tobacco powder?" said he, offering his snuff-box; and then, when I had refused, "I am an old man," he added, "and I may be allowed to remind you that you are a guest."

"I have, then, your authority," I returned, firmly enough, although I flushed at the implied reproof, "to let things take their course, and not to interfere?"

He said "Yes," and with a somewhat uneasy salute turned and left me where I was.

La révélation du caractère de la jeune fille avait vivement frappé mon imagination et presque effacé les horreurs de la nuit précédente ; mais à la vue de ce digne homme, le souvenir reprit vie. Je descendis alors du tertre et, faisant un détour par les bois, j'allai me poster au bord de la route pour attendre son passage. Dès qu'il parut, je m'avançai et me présentai à lui comme le pensionnaire de la residencia. Il avait une physionomie honnête et pleine de fermeté sur laquelle il était aisé de lire les sentiments mêlés avec lesquels il me regardait, voyant en moi un étranger, un hérétique et pourtant, quelqu'un qui avait été blessé pour la bonne cause. De la famille de la residencia, il parla avec réserve et néanmoins avec respect. Je mentionnai le fait que je n'avais pas encore vu la fille de la maison, sur quoi il observa qu'il en était comme il devait en être et me regarda un peu de travers. Finalement je rassemblai assez de courage pour faire allusion aux cris qui m'avaient dérangé dans la nuit. Il m'écouta en silence, puis s'arrêta et se détourna partiellement, comme pour marquer de manière indubitable qu'il écartait mes questions.

« Prenez-vous du tabac ? demanda-t-il en me présentant sa tabatière. Je suis un vieil homme, ajouta-t-il comme je refusais, et je puis me permettre de vous rappeler que vous êtes un hôte.

— J'ai donc votre caution, repris-je assez fermement tout en rougissant du reproche implicite, pour laisser les choses suivre leur cours sans intervenir ? »

Il dit « Oui », et, avec un salut un peu contraint, s'en fut, en me laissant là.

But he had done two things: he had set my conscience at rest, and he had awakened my delicacy. I made a great effort, once more dismissed the recollections of the night, and fell once more to brooding on my saintly poetess. At the same time, I could not quite forget that I had been locked in, and that night when Felipe brought me my supper I attacked him warily on both points of interest.

"I never see your sister," said I casually.

"Oh, no," said he; "she is a good, good girl," and his mind instantly veered to something else.

"Your sister is pious, I suppose?" I asked in the next pause.

"Oh!" he cried, joining his hands with extreme fervour, "a saint; it is she that keeps me up."

"You are very fortunate," said I, "for the most of us, I am afraid, and myself among the number, are better at going down."

"Señor," said Felipe earnestly, "I would not say that. You should not tempt your angel. If one goes down, where is he to stop?"

"Why, Felipe," said I, "I had no guess you were a preacher, and I may say a good one; but I suppose that is your sister's doing?"

He nodded at me with round eyes.

"Well, then," I continued, "she has doubtless reproved you for your sin of cruelty?"

"Twelve times!" he cried; for this was the phrase by which the odd creature expressed the sense of frequency.

Mais il avait fait deux choses : il avait mis ma conscience en repos et il avait éveillé ma délicatesse. Je fis un grand effort, chassai une fois de plus les souvenirs de la nuit et tombai une fois de plus dans des ruminations au sujet de ma pieuse poétesse. En même temps, je ne pouvais pas oublier tout à fait que j'avais été enfermé ; et ce soir-là, quand Felipe m'apporta mon souper, je l'entrepris avec prudence sur ces deux chefs d'intérêt.

« Je n'ai jamais vu ta sœur, dis-je incidemment.

— Oh ! non, dit-il. C'est une bonne, bonne fille. » Et instantanément son esprit se tourna vers autre chose.

« Ta sœur est pieuse, n'est-ce pas ? demandai-je lorsqu'il se tut de nouveau.

— Oh ! s'écria-t-il en joignant les mains avec une extrême ferveur, c'est une sainte et c'est elle qui me soutient.

— Tu as beaucoup de chance, dis-je, car la plupart d'entre nous, malheureusement, moi-même entre autres, avons plutôt tendance à dégringoler.

— Señor, dit-il vivement, je ne dirais pas cela. Vous ne devriez pas tenter votre ange. Si quelqu'un dégringole, où s'arrêtera-t-il ?

— Ma foi, Felipe, dis-je, je ne me doutais pas que tu étais un prédicateur, et même un bon ; c'est là l'ouvrage de ta sœur, je suppose ? »

Il me fit signe que oui en ouvrant tout grands les yeux.

« En ce cas, continuai-je, elle t'a sans doute reproché ton péché de cruauté ?

— Douze fois ! » s'écria-t-il, car telle était sa façon d'exprimer son sentiment de la fréquence.

"And I told her you had done so – I remembered that," he added proudly – "and she was pleased."

"Then, Felipe," said I, "what were those cries that I heard last night? for surely they were cries of some creature in suffering."

"The wind," returned Felipe, looking in the fire.

I took his hand in mine, at which, thinking it to be a caress, he smiled with a brightness of pleasure that came near disarming my resolve. But I trod the weakness down. "The wind," I repeated; "and yet I think it was this hand," holding it up, "that had first locked me in." The lad shook visibly, but answered never a word. "Well," said I, "I am a stranger and a guest. It is not my part either to meddle or to judge in your affairs; in these you shall take your sister's counsel, which I cannot doubt to be excellent. But in so far as concerns my own I will be no man's prisoner, and I demand that key." Half an hour later my door was suddenly thrown open, and the key tossed ringing on the floor.

A day or two after, I came in from a walk a little before the point of noon. The Señora was lying lapped in slumber on the threshold of the recess; the pigeons dozed below the eaves like snowdrifts; the house was under a deep spell of noontide quiet; and only a wandering and gentle wind from the mountain stole round the galleries,

« Je lui ai dit que vous aviez fait pareil, je m'en souviens, ajouta-t-il fièrement, et elle a été contente.

— Alors, Felipe, lui dis-je, qu'étaient-ce que ces cris que j'ai entendus la nuit dernière ? Pour sûr, c'étaient les cris d'une créature dans les tourments ?

— Le vent », répondit Felipe en regardant le feu.

Je pris sa main dans la mienne ; sur quoi, croyant à une caresse, il eut un sourire radieux qui faillit ébranler ma résolution. Mais je surmontai ma faiblesse. « Le vent, répétai-je. Et pourtant je crois bien que c'est cette main-ci, ajoutai-je en la tenant en l'air, qui m'a d'abord enfermé. » Il tressaillit visiblement, mais ne souffla mot. « Allons, dis-je, je suis un étranger et un hôte. Ce n'est pas mon rôle de me mêler de vos affaires ni de les juger ; tu suivras à leur propos le conseil de ta sœur, qui sera excellent, je n'en doute pas. Mais en ce qui me concerne, j'entends n'être prisonnier de personne et j'exige cette clef. » Une demi-heure après, ma porte s'ouvrit soudain et la clef vint tomber en tintant sur le sol.

Un jour ou deux plus tard, je rentrai d'une promenade un peu avant les coups de midi. La señora, étendue sur le seuil du renfoncement, dormait. Les pigeons sommeillaient sous les larmiers, pareils à de petits tas de neige ; la maison était sous le charme profond du repos de midi ; seule une douce brise vagabonde venue des montagnes glissait le long des galeries,

rustled among the pomegranates, and pleasantly stirred the shadows. Something in the stillness moved me to imitation, and I went very lightly across the court and up the marble staircase. My foot was on the topmost round, when a door opened, and I found myself face to face with Olalla. Surprise transfixed me; her loveliness struck to my heart; she glowed in the deep shadow of the gallery, a gem of colour; her eyes took hold upon mine and clung there, and bound us together like the joining of hands; and the moments we thus stood face to face, drinking each other in, were sacramental and the wedding of souls. I know not how long it was before I awoke out of a deep trance, and, hastily bowing, passed on into the upper stair. She did not move, but followed me with her great, thirsting eyes; and as I passed out of sight it seemed to me as if she paled and faded.

In my own room, I opened the window and looked out, and could not think what change had come upon that austere field of mountains that it should thus sing and shine under the lofty heaven. I had seen her – Olalla! And the stone crags answered, Olalla! and the dumb, unfathomable azure answered, Olalla! The pale saint of my dreams had vanished for ever; and in her place I beheld this maiden on whom God had lavished the richest colours and the most exuberant energies of life, whom He had made active as a deer,

bruissait dans les grenadiers et remuait agréable-
ment les ombres. Quelque chose dans la tranquillité m'incita au mimétisme, et c'est d'un pas
léger que je traversai la cour et gravis l'escalier
de marbre. Mon pied atteignait le premier palier
quand une porte s'ouvrit et je me trouvai face à
face avec Olalla. La surprise me cloua au sol ; son
exquise beauté me frappa au cœur. Elle chatoyait
dans l'ombre profonde de la galerie, gemme de
couleur ; ses yeux trouvèrent où prendre prise
dans les miens et s'y accrochèrent et nous lièrent
comme deux mains se joignent. Les instants où
nous restâmes ainsi face à face, nous buvant l'un
l'autre, furent sacramentels et marièrent nos
âmes. Je ne sais combien de temps s'écoula avant
que je m'éveillasse d'une transe profonde pour,
aussitôt, m'incliner et poursuivre mon ascension
dans l'escalier. Elle ne bougea pas, mais me suivit
de ses grands yeux assoiffés ; et quand je sortis du
champ de son regard, il me sembla qu'elle pâlis-
sait et se flétrissait.

Une fois dans ma chambre, j'ouvris la fenêtre et
regardai au-dehors, me demandant ce qui avait pu
arriver à cette austère chaîne de montagnes pour
qu'elle chantât et brillât de la sorte sous la voûte
immense du ciel. Je l'avais vue... Olalla ! Et les
escarpements rocheux répondaient : « Olalla ! » Et
le muet, l'insondable azur répondait : « Olalla ! »
La pâle sainte de mes rêves avait disparu pour toujours, et à sa place je contemplais cette jeune fille
à qui Dieu avait prodigué les plus riches couleurs
et les énergies les plus exubérantes de la vie, qu'Il
avait faite alerte comme une biche,

slender as a reed, and in whose great eyes He had lighted the torches of the soul. The thrill of her young life, strung like a wild animal's, had entered into me; the force of soul that had looked out from her eyes and conquered mine, mantled about my heart and sprang to my lips in singing. She passed through my veins: she was one with me.

I will not say that this enthusiasm declined; rather my soul held out in its ecstasy as in a strong castle, and was there besieged by cold and sorrowful considerations. I could not doubt but that I loved her at first sight, and already with a quivering ardour that was strange to my experience. What then was to follow? She was the child of an afflicted house, the Señora's daughter, the sister of Felipe; she bore it even in her beauty. She had the lightness and swiftness of the one, swift as an arrow, light as dew; like the other, she shone on the pale background of the world with the brilliancy of flowers. I could not call by the name of brother that half-witted lad, nor by the name of mother that immovable and lovely thing of flesh, whose silly eyes and perpetual simper now recurred to my mind like something hateful. And if I could not marry, what then? She was helplessly unprotected; her eyes, in that single and long glance which had been all our intercourse, had confessed a weakness equal to my own; but in my heart I knew her for the student of the cold northern chamber, and the writer of the sorrowful lines;

svelte comme un roseau, et dans les grands yeux de laquelle Il avait allumé les torches de l'âme. Le frémissement de sa jeune vie, tendue comme celle d'une bête sauvage, était entré en moi ; la force d'âme qui avait jailli de ses yeux et conquis les miens enveloppait mon cœur et bondissait jusqu'à mes lèvres pour se faire chant. Elle passait le long de mes veines, elle ne faisait qu'un avec moi.

Je ne dirai pas que cet enthousiasme déclina ; mais plutôt que mon âme, retranchée dans son extase comme dans un château fort, fut assiégée par de froides et chagrines considérations. Je ne pouvais douter d'être tombé amoureux dès le premier regard et cela avec une ardeur fébrile étrangère à mon expérience. Qu'allait-il donc s'ensuivre ? Elle était l'enfant d'une maison frappée par le destin, la fille de la señora, la sœur de Felipe ; cela, elle le portait même dans sa beauté. Elle avait la légèreté et la prestesse de l'un, preste comme une flèche, légère comme la rosée ; comme l'autre, elle se détachait sur le fond pâle du monde avec l'éclat des fleurs. Je ne pouvais appeler du nom de frère ce garçon un peu simplet, ni du nom de mère cette immobile et ravissante créature charnelle dont les yeux niais et le perpétuel sourire me revenaient maintenant à l'esprit comme quelque chose de haïssable. Et si je ne pouvais me marier, qu'attendre ? Olalla était sans protection, livrée à tout. Ses yeux, dans ce seul regard prolongé qui avait été tout notre commerce, avaient confessé une faiblesse égale à la mienne ; cependant, je la connaissais dans mon cœur comme l'habitante studieuse de la froide chambre au nord et comme l'auteur des vers douloureux que j'avais lus,

and this was a knowledge to disarm a brute. To flee was more than I could find courage for; but I registered a vow of unsleeping circumspection.

As I turned from the window, my eyes alighted on the portrait. It had fallen dead, like a candle after sunrise; it followed me with eyes of paint. I knew it to be like, and marvelled at the tenacity of type in that declining race; but the likeness was swallowed up in difference. I remembered how it had seemed to me a thing unapproachable in the life, a creature rather of the painter's craft than of the modesty of nature, and I marvelled at the thought, and exulted in the image of Olalla. Beauty I had seen before, and not been charmed, and I had been often drawn to women, who were not beautiful except to me; but in Olalla all that I desired and had not dared to imagine was united.

I did not see her the next day, and my heart ached and my eyes longed for her, as men long for morning. But the day after, when I returned, about my usual hour, she was once more on the gallery, and our looks once more met and embraced. I would have spoken, I would have drawn near to her; but strongly as she plucked at my heart, drawing me like a magnet, something yet more imperious withheld me; and I could only bow and pass by; and she, leaving my salutation unanswered, only followed me with her noble eyes.

I had now her image by rote, and as I conned the traits in memory it seemed as if I read her very heart.

et ce savoir aurait désarmé une brute. Fuir eût été trop demander à mon courage, mais je fis vœu de circonspection vigilante.

Comme je me détournais de la fenêtre, mon regard tomba sur le portrait. Il avait perdu toute vie, telle une chandelle après le lever du soleil. Il me suivait avec ses yeux peints. Je le savais ressemblant et m'émerveillais de la persistance du type dans cette race en déclin. Mais la ressemblance était résorbée par la différence. Je me souvins qu'il m'était apparu comme quelque chose qu'on ne saurait approcher en cette vie, comme une création de l'art du peintre plutôt que de la modeste nature, et, m'étonnant maintenant de cette pensée, j'exultai en invoquant l'image d'Olalla. J'avais déjà rencontré la beauté sans en être charmé, et j'avais été souvent attiré par des femmes qui n'étaient belles qu'à mes yeux, mais en Olalla tout ce que je désirais sans oser l'imaginer était réuni.

Je ne la vis pas le lendemain et mon cœur souffrit et mes yeux languirent après elle comme on languit après l'aurore. Mais le jour d'après, quand je revins à mon heure habituelle, elle était à nouveau sur la galerie et à nouveau nos regards se rencontrèrent et s'étreignirent. J'aurais voulu parler, m'approcher d'elle ; mais bien qu'elle attirât mon cœur avec la force d'un aimant, quelque chose de plus impérieux encore me retenait. Je ne pus que m'incliner et passer ; et elle, laissant mon salut sans réponse, me suivit seulement de ses nobles yeux.

Je savais maintenant son image par cœur et, comme je repassais ses traits dans ma mémoire, il me semblait que je lisais à même son âme.

She was dressed with something of her mother's coquetry and love of positive colour. Her robe, which I know she must have made with her own hands, clung about her with a cunning grace. After the fashion of that country, besides, her bodice stood open in the middle, in a long slit, and here, in spite of the poverty of the house, a gold coin, hanging by a ribbon, lay on her brown bosom. These were proofs, had any been needed, of her inborn delight in life and her own loveliness. On the other hand, in her eyes that hung upon mine, I could read depth beyond depth of passion and sadness, lights of poetry and hope, blacknesses of despair, and thoughts that were above the earth. It was a lovely body, but the inmate, the soul, was more than worthy of that lodging. Should I leave this incomparable flower to wither unseen on these rough mountains? Should I despise the great gift offered me in the eloquent silence of her eyes? Here was a soul immured; should I not burst its prison? All side considerations fell off from me; were she the child of Herod I swore I should make her mine; and that very evening I set myself, with a mingled sense of treachery and disgrace, to captivate the brother. Perhaps I read him with more favourable eyes, perhaps the thought of his sister always summoned up the better qualities of that imperfect soul; but he had never seemed to me so amiable, and his very likeness to Olalla, while it annoyed, yet softened me.

A third day passed in vain – an empty desert of hours.

Elle était habillée avec quelque chose de la coquetterie de sa mère, et le même amour des couleurs vives. Sa robe, qu'elle avait dû faire de ses mains, je le savais, épousait son corps avec une grâce habile. En outre, conformément à la mode du pays, son corsage était partagé au milieu par une longue fente où, malgré la pauvreté de la maison, une pièce d'or suspendue à un ruban reposait sur son sein brun. C'étaient là des preuves, s'il en eût été besoin, de sa joie de vivre innée comme de sa beauté. D'autre part, dans ses yeux rivés aux miens, je découvrais abîme sur abîme de passion et de tristesse, des lueurs de poésie et d'espoir, des ténèbres de désespoir, et des pensées qui planaient au-dessus de la terre. C'était un corps exquis, mais son habitante, l'âme, était plus que digne de ce logis. Devais-je laisser cette fleur incomparable se flétrir loin des regards sur ces rudes montagnes? Devais-je dédaigner le grand don qui m'était offert dans le silence éloquent de ses yeux? Il y avait là une âme emmurée; ne devais-je pas briser sa prison? Toutes les considérations secondes s'évanouirent; fût-elle l'enfant d'Hérode, je jurai de la faire mienne; et le soir même, je m'appliquai, avec un sentiment mêlé de traîtrise et de déshonneur, à gagner le frère. Peut-être le regardais-je d'un œil plus favorable, peut-être que penser à sa sœur éveillait toujours les meilleures qualités de cette âme imparfaite; mais il ne m'avait jamais paru plus aimable, et sa ressemblance même avec Olalla, tout en me contrariant, m'adoucissait.

Un troisième jour s'écoula en vain – vide désert d'heures.

I would not lose a chance, and loitered all afternoon in the court where (to give myself a countenance) I spoke more than usual with the Señora.
God knows it was with a most tender and sincere
interest that I now studied her; and even as for
Felipe, so now for the mother, I was conscious of a
growing warmth of toleration. And yet I wondered.
Even while I spoke with her, she would doze off
into a little sleep, and presently awake again without embarrassment; and this composure staggered
me. And again, as I marked her make infinitesimal
changes in her posture, savouring and lingering on
the bodily pleasure of the movement, I was driven
to wonder at this depth of passive sensuality. She
lived in her body; and her consciousness was all
sunk into and disseminated through her members,
where it luxuriously dwelt. Lastly, I could not grow
accustomed to her eyes. Each time she turned on
me these great beautiful and meaningless orbs,
wide open to the day, but closed against human
inquiry – each time I had occasion to observe the
lively changes of her pupils which expanded and
contracted in a breath – I know not what it was
came over me, I can find no name for the mingled
feeling of disappointment, annoyance, and distaste
that jarred along my nerves. I tried her on a variety
of subjects, equally in vain; and at last led the talk
to her daughter. But even there she proved indif-
ferent; said she was pretty,

Je ne voulus pas perdre une chance et je flânai tout l'après-midi dans la cour où (pour me donner une contenance) je parlai plus que de coutume avec la señora. Dieu sait avec quel tendre, quel sincère intérêt je l'étudiais à présent, et de même que pour Felipe, je sentais maintenant croître en moi une plus chaleureuse bienveillance à l'égard de la mère. Pourtant, je ne manquais pas d'être surpris : au moment même où je lui parlais, elle s'absentait en faisant un petit somme, puis se réveillait sans montrer le moindre embarras ; et cette sérénité me stupéfiait. Et de nouveau, comme je la voyais opérer des changements infinitésimaux dans sa posture en savourant et en prolongeant le plaisir corporel du mouvement, je fus conduit à m'étonner de cet abîme de sensualité passive. Elle vivait dans son corps ; et sa conscience s'était toute réfugiée et disséminée dans ses membres où elle habitait voluptueusement. Enfin, je ne pouvais m'habituer à ses yeux. Chaque fois qu'elle tournait vers moi ces grandes orbites aussi belles que vides de sens, grandes ouvertes au jour, mais fermées aux interrogations humaines, chaque fois que j'avais l'occasion d'observer les vifs changements de ses pupilles qui se dilataient et se contractaient au même instant, je ne sais ce qui m'envahissait, je ne puis trouver de nom pour le mélange de désappointement, de contrariété et de dégoût qui courait désagréablement le long de mes nerfs. Je l'entrepris sur divers sujets, toujours en vain ; et en fin de compte, j'orientai la conversation sur sa fille. Mais même alors elle se montra indifférente ; la déclara jolie,

which (as with children) was her highest word of commendation, but was plainly incapable of any higher thought; and when I remarked that Olalla seemed silent, merely yawned in my face and replied that speech was of no great use when you had nothing to say. "People speak much, very much," she added, looking at me with expanded pupils; and then again yawned, and again showed me a mouth that was as dainty as a toy. This time I took the hint, and, leaving her to her repose, went up into my own chamber to sit by the open window, looking on the hills and not beholding them, sunk in lustrous and deep dreams, and hearkening in fancy to the note of a voice that I had never heard.

I awoke on the fifth morning with a brightness of anticipation that seemed to challenge fate. I was sure of myself, light of heart and foot, and resolved to put my love incontinently to the touch of knowledge. It should lie no longer under the bonds of silence, a dumb thing, living by the eye only, like the love of beasts; but should now put on the spirit, and enter upon the joys of the complete human intimacy. I thought of it with wild hopes, like a voyager to El Dorado; into that unknown and lovely country of her soul, I no longer trembled to adventure. Yet when I did indeed encounter her, the same force of passion descended on me and at once submerged my mind;

ce qui pour elle comme pour les enfants était le plus grand éloge possible, mais fut manifestement incapable d'une pensée au-delà, et quand je fis la remarque qu'Olalla semblait silencieuse, elle se contenta de me bâiller au nez en répliquant qu'il ne servait pas à grand-chose de parler quand on n'avait rien à dire. « Les gens parlent beaucoup, beaucoup », ajouta-t-elle en me regardant avec des pupilles dilatées, puis elle bâilla derechef et derechef me montra une bouche aussi délicate qu'un joujou. Cette fois je saisis l'allusion et, la laissant se reposer, je montai dans ma chambre pour m'asseoir près de la fenêtre ouverte en regardant les montagnes sans les voir, plongé dans des rêves chatoyants et profonds et prêtant l'oreille en pensée au son d'une voix que je n'avais jamais entendue.

Je m'éveillai le cinquième matin avec une confiance allègre qui semblait défier le destin. J'étais sûr de moi et, me sentant le cœur et le pied légers, résolu à mettre incontinent mon amour à l'épreuve du savoir. Il ne resterait pas plus longtemps dans les liens du silence, il ne resterait pas une chose muette, vivant par le regard seulement, comme l'amour des bêtes ; mais il se revêtirait d'esprit et connaîtrait les joies pleines de l'intimité humaine. Je pensais à lui avec des espoirs effrénés, comme un voyageur en quête d'El Dorado ; je ne craignais plus de m'aventurer dans le pays inconnu et charmant de son âme. Néanmoins, quand je me trouvai pour de bon devant elle, la même passion impérieuse fondit sur moi et submergea aussitôt mon esprit ;

speech seemed to drop away from me like a child-ish habit; and I but drew near to her as the giddy man draws near to the margin of a gulf. She drew back from me a little as I came; but her eyes did not waver from mine, and these lured me forward. At last, when I was already within reach of her, I stopped. Words were denied me; if I advanced I could but clasp her to my heart in silence; and all that was sane in me, all that was still uncon-quered, revolted against the thought of such an accost. So we stood for a second, all our life in our eyes, exchanging salvos of attraction and yet each resisting; and then, with a great effort of the will, and conscious at the same time of a sudden bitter-ness of disappointment, I turned and went away in the same silence.

What power lay upon me that I could not speak? And she, why was she also silent? Why did she draw away before me dumbly, with fascinated eyes? Was this love? or was it a mere brute attrac-tion, mindless and inevitable, like that of the mag-net for the steel? We had never spoken, we were wholly strangers; and yet an influence, strong as the grasp of a giant, swept us silently together. On my side, it filled me with impatience; and yet I was sure that she was worthy; I had seen her books, read her verses, and thus, in a sense, divined the soul of my mistress. But on her side,

la parole sembla se détacher de moi comme une habitude enfantine ; et je ne fis que m'approcher d'Olalla comme un homme en proie au vertige s'approche du bord du gouffre. Elle recula un peu tandis que j'avançais ; mais ses yeux ne se détournèrent pas des miens, m'invitant à aller plus avant. J'étais déjà à sa portée quand je m'arrêtai enfin. Les mots m'étaient refusés. Si j'avançais encore, je ne pourrais que la serrer sur mon cœur en silence ; et tout ce qui était sain en moi, tout ce qui restait inconquis, se révoltait à l'idée de l'accoster de telle sorte. Aussi restâmes-nous une seconde, toute notre vie à nos yeux, à échanger des salves d'attrait, chacun résistant malgré tout ; et puis, avec un grand effort de volonté en même temps qu'avec la conscience d'une amère déception soudaine, je me détournai et m'en fus en gardant le même silence.

Quel pouvoir s'appesantissait sur moi pour que je fusse ainsi incapable de parler ? Et elle, pourquoi était-elle également silencieuse ? Pourquoi reculait-elle devant moi, muette, avec des yeux fascinés ? Était-ce là de l'amour ? Ou n'était-ce qu'une simple attraction animale, instinctive et inévitable comme celle de l'aimant pour l'acier ? Nous n'avions jamais parlé, nous étions parfaitement étrangers l'un à l'autre ; et pourtant une influence, aussi forte que l'étreinte d'un géant, nous entraînait silencieusement l'un vers l'autre. Venant de moi, cela me révoltait ; et pourtant j'étais sûr qu'Olalla était digne ; j'avais vu ses livres, lu ses vers et deviné ainsi, en un sens, l'âme de ma maîtresse. Mais venant d'elle,

it struck me almost cold. Of me, she knew nothing but my bodily favour; she was drawn to me as stones fall to the earth; the laws that rule the earth conducted her, unconsenting, to my arms; and I drew back at the thought of such a bridal, and began to be jealous for myself. It was not thus that I desired to be loved. And then I began to fall into a great pity for the girl herself. I thought how sharp must be her mortification, that she, the student, the recluse, Felipe's saintly monitress, should have thus confessed an overweening weakness for a man with whom she had never exchanged a word. And at the coming of pity, all other thoughts were swallowed up; and I longed only to find and console and reassure her; to tell her how wholly her love was returned on my side, and how her choice, even if blindly made, was not unworthy.

The next day it was glorious weather; depth upon depth of blue over-canopied the mountains; the sun shone wide; and the wind in the trees and the many falling torrents in the mountains filled the air with delicate and haunting music. Yet I was prostrated with sadness. My heart wept for the sight of Olalla, as a child weeps for its mother. I sat down on a boulder on the verge of the low cliffs that bound the plateau to the north. Thence I looked down into the wooded valley of a stream, where no foot came.

c'était à deux doigts de me glacer. Elle ne connaissait de moi que mon aspect physique ; elle était attirée vers moi comme les pierres tombent sur la terre ; les lois qui gouvernent la terre la poussaient, non consentante, dans mes bras. Je reculais à la pensée de pareilles noces et commençais à être jaloux de moi-même. Ce n'était pas ainsi que je désirais être aimé. Et puis je me mis à éprouver une grande pitié pour elle. Je pensais combien elle devait être cruellement mortifiée d'avoir, elle, la studieuse, la recluse, la pieuse monitrice de Felipe, confessé de la sorte une insurmontable faiblesse pour un homme avec lequel elle n'avait jamais échangé un mot. Et, la pitié venue, toutes les autres pensées s'y noyèrent : je n'aspirai plus qu'à retrouver Olalla pour la consoler et la rassurer ; pour lui dire combien totalement je répondais à son amour, et aussi que son choix, si aveugle qu'il fût, n'était pas indigne.

Le lendemain, il faisait un temps superbe ; d'insondables profondeurs de bleu couvraient de leur dais les montagnes ; le soleil brillait d'un large éclat ; et le vent dans les arbres ainsi que les nombreux torrents qui dévalaient les pentes emplissaient l'air d'une musique délicate dont l'âme restait hantée. Cependant j'étais accablé de tristesse. Mon cœur pleurait du désir de voir Olalla, comme un enfant pleure après sa mère. Je m'assis sur un rocher au bord des basses falaises qui bordent le plateau au nord. De là, je plongeai mon regard dans un val boisé où courait un ruisseau et que nul pied ne foulait.

In the mood I was in, it was even touching to behold the place untenanted; it lacked Olalla; and I thought of the delight and glory of a life passed wholly with her in that strong air, and among these rugged and lovely surroundings, at first with a whimpering sentiment, and then again with such a fiery joy that I seemed to grow in strength and stature, like a Samson.

And then suddenly I was aware of Olalla drawing near. She appeared out of a grove of cork-trees, and came straight towards me; and I stood up and waited. She seemed in her walking a creature of such life and fire and lightness as amazed me; yet she came quietly and slowly. Her energy was in the slowness; but for inimitable strength, I felt she would have run, she would have flown to me. Still, as she approached, she kept her eyes lowered to the ground; and when she had drawn quite near, it was without one glance that she addressed me. At the first note of her voice I started. It was for this I had been waiting; this was the last test of my love. And lo, her enunciation was precise and clear, not lisping and incomplete like that of her family; and the voice, though deeper than usual with women, was still both youthful and womanly. She spoke in a rich chord; golden contralto strains mingled with hoarseness, as the red threads were mingled with the brown among her tresses. It was not only a voice that spoke to my heart directly; but it spoke to me of her. And yet her words immediately plunged me back upon despair.

"You will go away," she said, "to-day."

Dans l'humeur où j'étais, je fus même touché de voir ces lieux déserts : il y manquait Olalla ; et je songeai au délice et à la splendeur d'une vie passée toute avec elle dans cet air vigoureux, parmi ces lieux mouvementés et charmants, d'abord avec un sentiment plaintif, puis avec une joie si ardente qu'il me sembla grandir en force et en stature, tel un Samson.

Soudain je pris conscience qu'Olalla approchait. Elle surgit d'un bosquet de chênes-lièges et vint droit à moi. Je me levai et j'attendis. Elle apparaissait dans sa marche comme une créature d'une vie, d'un feu, d'une légèreté qui me confondirent ; pourtant, elle s'en venait tranquillement et lentement. Son énergie était dans la lenteur ; n'eût été sa force inimitable, elle eût couru, elle eût volé vers moi, je le sentais. Malgré tout, en approchant, elle gardait les yeux baissés vers la terre ; et quand elle fut tout près, c'est sans un seul regard qu'elle s'adressa à moi. Aux premiers accents de sa voix, je tressaillis. Car j'avais attendu cela ; c'était la dernière épreuve de mon amour. Et voici que son élocution était précise et claire, non pas zézayée, incomplète comme celle de sa famille ; et sa voix, bien que plus profonde qu'il n'est habituel chez une femme, était cependant juvénile et féminine tout ensemble. Elle avait un riche timbre : un contralto d'or mêlé d'accents rauques, comme les fils cuivrés se mêlaient aux bruns dans ses tresses. Ce n'était pas seulement une voix qui parlait directement à mon cœur, mais une voix qui me parlait d'elle. Et pourtant ses paroles me replongèrent immédiatement dans le désespoir.

« Vous partirez, dit-elle. Aujourd'hui. »

Her example broke the bonds of my speech; I felt as lightened of a weight, or as if a spell had been dissolved. I know not in what words I answered; but, standing before her on the cliffs, I poured out the whole ardour of my love, telling her that I lived upon the thought of her, slept only to dream of her loveliness, and would gladly forswear my country, my language, and my friends, to live for ever by her side. And then, strongly commanding myself, I changed the note; I reassured, I comforted her; I told her I had divined in her a pious and heroic spirit, with which I was worthy to sympathise, and which I longed to share and lighten. Nature, I told her, was the voice of God, which men disobey at peril; and if we were thus dumbly drawn together, ay, even as by a miracle of love, it must imply a divine fitness in our souls; we must be made, I said – made for one another. We should be mad rebels, I cried out – mad rebels against God, not to obey this instinct.

She shook her head. "You will go to-day," she repeated, and then with a gesture, and in a sudden, sharp note – "no, not to-day," she cried, "to-morrow!"

But at this sign of relenting, power came in upon me in a tide. I stretched out my arms and called upon her name; and she leaped to me and clung to me. The hills rocked about us, the earth quailed; a shock as of a blow went through me and left me blind and dizzy. And the next moment

Son exemple délia ma parole. Je me sentis comme allégé d'un poids ou comme délivré d'un sortilège. Je ne sais plus en quels termes je répondis, mais debout devant elle sur la falaise, je donnai voix à toute l'ardeur de mon amour, lui disant que je vivais de sa pensée, que je ne dormais que pour rêver de sa beauté, que je donnerais volontiers mon pays, ma langue et mes proches pour vivre à jamais à ses côtés. Puis, me maîtrisant au prix d'un grand effort, je changeai de ton ; je la réconfortai, la rassurai ; je lui dis que j'avais deviné en elle un esprit pieux et héroïque avec lequel j'étais digne de sympathiser et que j'aspirais à partager en l'éclairant. La nature, lui dis-je, était la voix de Dieu, à laquelle on ne saurait désobéir sans péril ; et si nous étions attirés ainsi l'un vers l'autre en silence, mais oui, comme par un miracle de l'amour, cela devait impliquer une divine convenance de nos âmes, nous devions être faits, lui dis-je, l'un pour l'autre. Nous serions d'insensés rebelles, m'écriai-je, d'insensés rebelles contre Dieu de ne point obéir à cet instinct.

Elle secoua la tête. « Vous partirez aujourd'hui », répéta-t-elle. Puis avec un geste de la main et d'un ton soudain aigu : « Non, pas aujourd'hui, s'écria-t-elle. Demain ! »

Mais, à ce signe de faiblesse, me vint une recrudescence de force. J'étendis les bras et l'appelai par son nom, et elle bondit vers moi et se cramponna à moi. Les montagnes basculèrent autour de nous ; la terre tressaillit ; un choc me parcourut comme si j'avais reçu un coup, me laissant aveugle et tout étourdi. L'instant d'après pourtant,

she had thrust me back, broken rudely from my arms, and fled with the speed of a deer among the cork-trees.

I stood and shouted to the mountains; I turned and went back towards the residencia, walking upon air. She sent me away, and yet I had but to call upon her name and she came to me. These were but the weaknesses of girls, from which even she, the strangest of her sex, was not exempted. Go? Not I, Olalla – O, not I, Olalla, my Olalla! A bird sang near by; and in that season, birds were rare. It bade me be of good cheer. And once more the whole countenance of nature, from the ponderous and stable mountains down to the lightest leaf and the smallest darting fly in the shadow of the groves, began to stir before me and to put on the lineaments of life and wear a face of awful joy. The sunshine struck upon the hills, strong as a hammer on the anvil, and the hills shook; the earth, under that vigorous insolation, yielded up heady scents; the woods smouldered in the blaze. I felt the thrill of travail and delight run through the earth. Something elemental, something rude, violent, and savage, in the love that sang in my heart, was like a key to nature's secrets; and the very stones that rattled under my feet appeared alive and friendly. Olalla! Her touch had quickened, and renewed, and strung me up to the old pitch of concert

elle me repoussait, s'arrachait vivement à mes bras et s'enfuyait, rapide comme une biche, parmi les chênes-lièges.

Je restai là, poussant des exclamations à l'adresse des montagnes. Puis je me retournai et rentrai à la residencia en marchant comme si je volais. Elle m'avait renvoyé et pourtant je n'avais eu qu'à l'appeler par son nom et elle était venue à moi. Ce n'était là que faiblesses de jeune fille dont même elle, la plus étrangère à son sexe, n'était pas exempte. M'en aller, moi? Mais non, Olalla, oh! sûrement pas, Olalla, non mon Olalla! Un oiseau chanta non loin, et en cette saison les oiseaux étaient rares. Cela me donna du courage. Et une fois de plus toute la physionomie de la nature, depuis les montagnes pesantes et stables jusqu'à la feuille la plus légère et jusqu'à la plus petite mouche volant comme un dard à l'ombre des bosquets, commença à s'animer devant moi, à revêtir les traits de la vie et à montrer un visage d'auguste joie. Le soleil frappait les montagnes aussi fortement qu'un marteau bat l'enclume, et les montagnes tremblaient; la terre, sous ce puissant ensoleillement, exhalait d'entêtantes senteurs; les bois grillaient dans la fournaise. Je sentis un frisson de délice courir dans la terre en travail. Quelque chose d'élémentaire, quelque chose de rude, de violent et de sauvage dans l'amour qui chantait en mon cœur était comme une clef des secrets de la nature, et les pierres mêmes qui résonnaient sous mes pas semblaient vivantes et amicales. Olalla! Son contact m'avait vivifié, renouvelé et tendu jusqu'à m'accorder à l'antique diapason

with the rugged earth, to a swelling of the soul that men learn to forget in their polite assemblies. Love burned in me like rage; tenderness waxed fierce; I hated, I adored, I pitied, I revered her with ecstasy. She seemed the link that bound me in with dead things on the one hand, and with our pure and pitying God upon the other: a thing brutal and divine, and akin at once to the innocence and to the unbridled forces of the earth.

My head thus reeling, I came into the courtyard of the residencia, and the sight of the mother struck me like a revelation. She sat there, all sloth and contentment, blinking under the strong sunshine, branded with a passive enjoyment, a creature set quite apart, before whom my ardour fell away like a thing ashamed. I stopped a moment, and, commanding such shaken tones as I was able, said a word or two. She looked at me with her unfathomable kindness; her voice in reply sounded vaguely out of the realm of peace in which she slumbered, and there fell on my mind, for the first time, a sense of respect for one so uniformly innocent and happy, and I passed on in a kind of wonder at myself, that I should be so much disquieted.

On my table there lay a piece of the same yellow paper I had seen in the north room; it was written on with pencil in the same hand, Olalla's hand, and I picked it up with a sudden sinking of alarm, and read, "If you have any

de l'âpre terre, jusqu'à dilater mon âme d'une façon que les hommes apprennent à oublier dans leurs assemblées policées. L'amour brûlait en moi comme une rage, ma tendresse devenait farouche ; je haïssais Olalla, je l'adorais, je la prenais en pitié, je la révérais avec extase. Elle m'apparaissait comme le chaînon qui me liait d'une part à des choses mortes, d'autre part à notre Dieu pur et plein de pitié ; comme une créature animale et divine à la fois, apparentée à l'innocence en même temps qu'aux forces sans frein de la terre.

Ma tête tournant de la sorte, j'entrai dans la cour de la residencia, et la vue de la mère me frappa comme une révélation. Elle était assise là, toute indolence et contentement, clignant des yeux sous l'éclat du soleil, respirant la jouissance passive, une créature tout à fait à part, devant laquelle mon ardeur tomba comme quelque chose de honteux. Je m'arrêtai un instant et maîtrisai de mon mieux mon débit entrecoupé pour lui dire un mot ou deux. Elle me regarda avec son insondable bienveillance ; sa voix émit vaguement une réponse depuis le royaume de paix où elle sommeillait, et, nourrissant pour la première fois un sentiment de respect pour cette créature aussi uniment innocente et heureuse, je m'en fus, en proie à une sorte d'étonnement devant moi-même à me sentir si troublé.

Sur ma table était posée une feuille du même papier jaune que j'avais vu dans la chambre au nord ; elle portait des lignes écrites au crayon de la même main, la main d'Olalla. Je la pris, saisi d'une angoisse soudaine, et lus : « Si vous avez quelque

kindness for Olalla, if you have any chivalry for a creature sorely wrought, go from here to-day; in pity, in honour, for the sake of Him who died, I supplicate that you shall go." I looked at this awhile in mere stupidity, then I began to awaken to a weariness and horror of life; the sunshine darkened outside on the bare hills, and I began to shake like a man in terror. The vacancy thus suddenly opened in my life unmanned me like a physical void. It was not my heart, it was not my happiness, it was life itself that was involved. I could not lose her. I said so, and stood repeating it. And then, like one in a dream, I moved to the window, put forth my hand to open the casement, and thrust it through the pane. The blood spurted from my wrist; and with an instantaneous quietude and command of myself, I pressed my thumb on the little leaping fountain, and reflected what to do. In that empty room there was nothing to my purpose; I felt, besides, that I required assistance. There shot into my mind a hope that Olalla herself might be my helper, and I turned and went downstairs, still keeping my thumb upon the wound.

There was no sign of either Olalla or Felipe, and I addressed myself to the recess, whither the Señora had now drawn quite back and sat dozing close before the fire, for no degree of heat appeared too much for her.

bonté pour Olalla, si vous avez quelque courtoisie pour une créature douloureusement éprouvée, allez-vous-en aujourd'hui ; au nom de la pitié et de l'honneur, pour l'amour de Celui qui est mort, je vous supplie de vous en aller. » Je considérai ces lignes pendant quelque temps dans une pure hébétude ; puis je commençai à reprendre conscience pour sentir que j'étais las et que j'avais horreur de la vie. Le soleil s'obscurcit au-dehors sur les montagnes dénudées, et je me mis à trembler comme un homme en proie à la terreur. Le vide ouvert ainsi tout d'un coup dans ma vie me glaça comme un gouffre physique. Ce n'était pas mon cœur, ce n'était pas mon bonheur, c'était ma vie même qui était en cause. Je ne pouvais pas perdre Olalla. Je le dis, je le répétai. Et puis, comme dans un rêve, je m'avançai vers la fenêtre, étendis la main pour ouvrir le châssis et la lançai à travers la vitre. Le sang gicla de mon poignet. Sur quoi, instantanément calmé et redevenu maître de moi, je pressai mon pouce sur la petite fontaine jaillissante et considérai ce que je devais faire. Dans cette pièce vide, il n'y avait rien qui pût me servir ; en outre, je le sentais, j'avais besoin de secours. L'idée me traversa l'esprit qu'Olalla elle-même pourrait peut-être venir à mon aide ; sur quoi je me retournai et descendis l'escalier en maintenant toujours mon pouce sur la blessure.

Il n'y avait trace ni d'Olalla ni de Felipe, et je m'adressai au renfoncement où la señora s'était maintenant tout à fait retirée et où elle somnolait, assise tout près du feu, car aucun degré de chaleur ne semblait trop élevé pour elle.

"Pardon me," said I, "if I disturb you, but I must apply to you for help."

She looked up sleepily and asked me what it was, and with the very words I thought she drew in her breath with a widening of the nostrils and seemed to come suddenly and fully alive.

"I have cut myself," I said, "and rather badly. See!" And I held out my two hands from which the blood was oozing and dripping.

Her great eyes opened wide, the pupils shrank into points; a veil seemed to fall from her face, and leave it sharply expressive and yet inscrutable. And as I still stood, marvelling a little at her disturbance, she came swiftly up to me, and stooped and caught me by the hand; and the next moment my hand was at her mouth, and she had bitten me to the bone. The pang of the bite, the sudden spurting of blood, and the monstrous horror of the act, flashed through me all in one, and I beat her back; and she sprang at me again and again, with bestial cries, cries that I recognised, such cries as had awakened me on the night of the high wind. Her strength was like that of madness; mine was rapidly ebbing with the loss of blood; my mind besides was whirling with the abhorrent strangeness of the onslaught, and I was already forced against the wall, when Olalla ran betwixt us, and Felipe, following at a bound, pinned down his mother on the floor.

A trance-like weakness fell upon me; I saw, heard, and felt,

« Pardonnez-moi de vous déranger, dis-je, mais je me vois forcé de vous demander secours. »

Elle leva vers moi des yeux ensommeillés et me demanda ce qu'il y avait ; et il me sembla qu'en disant ces mots elle respirait avec des narines élargies et qu'elle semblait soudain pleinement vivante.

« Je me suis coupé, dis-je, et assez sérieusement. Voyez ! » Et je tendis mes deux mains, d'où le sang jaillissait et dégouttait.

Ses grands yeux s'ouvrirent largement, les pupilles se contractèrent et devinrent des points ; un voile parut tomber de son visage et le laisser intensément expressif, quoique impénétrable. Et tandis que je m'étonnais un peu de son émoi, elle vint vivement à moi, se pencha et me prit la main. Un instant après, ma main était à sa bouche, et elle m'avait mordu jusqu'à l'os. La douleur de la morsure, le soudain jaillissement du sang et l'horreur monstrueuse de cet acte, tout cela me parcourut comme un seul éclair, et je la repoussai avec violence. Elle bondit sur moi encore et encore avec des cris de bête, des cris que je reconnus, des cris pareils à ceux qui m'avaient éveillé la nuit du grand vent. Sa force était comme celle de la folie ; la mienne déclinait rapidement avec la perte de sang ; mon esprit, de surcroît, tournoyait du fait de l'horrible étrangeté de l'attaque, et j'étais déjà acculé au mur lorsque Olalla courut se mettre entre nous et que Felipe, la suivant d'un bond, cloua sa mère au sol.

Je tombai dans une faiblesse qui était comme une transe ; je voyais, j'entendais et je sentais,

but I was incapable of movement. I heard the struggle roll to and fro upon the floor, the yells of that catamount ringing up to Heaven as she strove to reach me. I felt Olalla clasp me in her arms, her hair falling on my face, and, with the strength of a man, raise and half drag, half carry me upstairs into my own room, where she cast me down upon the bed. Then I saw her hasten to the door and lock it, and stand an instant listening to the savage cries that shook the residencia. And then, swift and light as a thought, she was again beside me, binding up my hand, laying it in her bosom, moaning and mourning over it with dove-like sounds. They were not words that came to her, they were sounds more beautiful than speech, infinitely touching, infinitely tender; and yet as I lay there, a thought stung to my heart, a thought wounded me like a sword, a thought, like a worm in a flower, profaned the holiness of my love. Yes, they were beautiful sounds, and they were inspired by human tenderness; but was their beauty human?

All day I lay there. For a long time the cries of that nameless female thing, as she struggled with her half-witted whelp, resounded through the house, and pierced me with despairing sorrow and disgust. They were the death-cry of my love; my love was murdered; it was not only dead, but an offence to me;

mais j'étais incapable de faire un mouvement. J'entendis la lutte se dérouler de-ci de-là sur le sol, les hurlements de cette panthère retentissant jusqu'au ciel comme elle s'efforçait de m'atteindre. Je sentis Olalla me saisir dans ses bras, ses cheveux tombant sur mon visage, et avec la force d'un homme, me soulever, puis moitié me traîner moitié me porter dans l'escalier jusqu'à ma propre chambre, où elle me jeta sur le lit. Ensuite, je la vis bondir vers la porte pour la fermer à clef, et rester un instant à écouter les cris sauvages qui secouaient la residencia. Après quoi, prompte et légère comme la pensée, elle fut de nouveau à côté de moi, me bandant la main, la posant sur son sein, gémissant et se lamentant sur elle avec des roucoulements de colombe. Ce n'étaient pas des mots qui lui venaient, c'étaient des sons plus beaux que la parole, infiniment touchants, infiniment tendres ; et pourtant, tandis que je reposais là, une pensée me piqua le cœur, une pensée me blessa comme une épée, une pensée, tel un ver dans une fleur, profana la sainteté de mon amour. Oui, c'étaient là de beaux sons, et la tendresse humaine les inspirait, mais leur beauté était-elle humaine ?

Toute la journée je restai couché là. Longtemps les cris que poussait cette femelle sans nom en luttant avec son petit à demi demeuré résonnèrent à travers la maison, me transperçant de désespoir et de dégoût. J'entendais en eux le cri de mort de mon amour ; mon amour était assassiné ; il n'était pas seulement mort, mais il me faisait offense ;

and yet, think as I pleased, feel as I must, it still swelled within me like a storm of sweetness, and my heart melted at her looks and touch. This horror that had sprung out, this doubt upon Olalla, this savage and bestial strain that ran not only through the whole behaviour of her family, but found a place in the very foundations and story of our love – though it appalled, though it shocked and sickened me, was yet not of power to break the knot of my infatuation.

When the cries had ceased, there came a scraping at the door, by which I knew Felipe was without; and Olalla went and spoke to him – I know not what. With that exception, she stayed close beside me, now kneeling by my bed and fervently praying, now sitting with her eyes upon mine. So then, for these six hours I drank in her beauty, and silently perused the story in her face. I saw the golden coin hover on her breaths; I saw her eyes darken and brighten, and still speak no language but that of an unfathomable kindness; I saw the faultless face, and, through the robe, the lines of the faultless body. Night came at last, and in the growing darkness of the chamber, the sight of her slowly melted; but even then the touch of her smooth hand lingered in mine and talked with me. To lie thus in deadly weakness and drink in the traits of the beloved, is to reawake to love from whatever shock of disillusion.

et pourtant, quoi qu'il me plût de penser, quoi que je fusse contraint de sentir, il s'élevait toujours en moi comme une tempête de douceur, et mon cœur fondait à la vue et au contact d'Olalla. Cette horreur qui avait surgi, ce doute qui l'atteignait, cette fibre sauvage et bestiale qui non seulement courait dans le comportement de sa famille, mais trouvait place dans les fondements mêmes et l'histoire de notre amour – tout cela me terrifiait, me révoltait et me donnait la nausée, mais n'avait pas cependant le pouvoir de rompre le nœud de mon envoûtement.

Quand les cris eurent cessé, vint le grattement à la porte qui m'annonçait la présence de Felipe; et Olalla quitta mon chevet pour aller lui parler – je ne sais de quoi. À cette exception près, elle resta à côté de moi, tantôt agenouillée près de mon lit et priant avec ferveur, tantôt assise et ses yeux dans les miens. Ainsi donc, pendant ces six heures, je m'abreuvai de sa beauté et parcourus silencieusement l'histoire que contait son visage. Je vis la pièce d'or se balancer au gré de sa respiration; je vis ses yeux s'assombrir et s'éclairer sans jamais parler d'autre langage que celui d'une insondable bonté; je vis le visage sans défaut et, à travers la robe, les lignes sans défaut du corps. La nuit vint enfin et dans l'obscurité croissante de la chambre, son apparence fondit lentement; mais, même alors, le toucher de sa main lisse s'attarda dans la mienne et me parla. Reposer ainsi dans une faiblesse mortelle et boire les traits de la bien-aimée, c'est se réveiller à l'amour après avoir essuyé n'importe quelle désillusion.

I reasoned with myself; and I shut my eyes on horrors, and again I was very bold to accept the worst. What mattered it, if that imperious sentiment survived; if her eyes still beckoned and attached me; if now, even as before, every fibre of my dull body yearned and turned to her? Late on in the night some strength revived in me, and I spoke:

"Olalla," I said, "nothing matters; I ask nothing; I am content; I love you."

She knelt down awhile and prayed, and I devoutly respected her devotions. The moon had begun to shine in upon one side of each of the three windows, and make a misty clearness in the room, by which I saw her indistinctly. When she re-arose she made the sign of the cross.

"It is for me to speak," she said, "and for you to listen. I know; you can but guess. I prayed, how I prayed for you to leave this place. I begged it of you, and I know you would have granted me even this; or if not, O let me think so!"

"I love you," I said.

"And yet you have lived in the world," she said after a pause, "you are a man and wise; and I am but a child. Forgive me, if I seem to teach, who am as ignorant as the trees of the mountain; but those who learn much do but skim the face of knowledge; they seize the laws,

Je me raisonnai ; et je fermai les yeux sur les horreurs, résolu de nouveau à accepter le pire.
Qu'importait dès lors si cet impérieux sentiment
survivait ; dès lors que ses yeux continuaient à me
faire signe et à me lier à elle ; dès lors qu'à présent
comme auparavant chaque fibre de mon corps
engourdi aspirait à elle et se tournait vers elle ?
Tard dans la nuit, je retrouvai quelques forces et
lui parlai.

« Olalla, dis-je, rien n'a d'importance ; je ne
demande rien ; je suis content ; je vous aime. »

Elle s'agenouilla quelque temps et pria, et je
respectai dévotement ses dévotions. La lune avait
commencé à briller sur un côté de chacune des
trois fenêtres et à mettre dans la chambre une
clarté brumeuse, à la faveur de laquelle je la voyais
confusément. Quand elle se releva, elle fit le signe
de la croix.

« C'est à moi de parler, dit-elle, et à vous d'écouter. Moi, je sais. Vous, vous ne pouvez que deviner.
J'ai prié, combien j'ai prié pour que vous quittiez
cette maison. Je vous en ai supplié, et je sais que
vous m'auriez accordé même cela ; sinon, oh !
laissez-moi le croire !

— Je vous aime, dis-je.

— Et pourtant vous avez vécu dans le monde,
dit-elle après un silence. Vous êtes un homme,
un homme sage ; et moi, je ne suis qu'une enfant.
Pardonnez-moi si j'ai l'air de vous faire la leçon,
moi qui suis aussi ignorante que les arbres de la
montagne ; mais ceux qui apprennent beaucoup
de choses ne font qu'effleurer la surface du savoir ;
ils saisissent les lois,

they conceive the dignity of the design – the horror of the living fact fades from their memory. It is we who sit at home with evil who remember, I think, and are warned and pity. Go, rather, go now, and keep me in mind. So I shall have a life in the cherished places of your memory: a life as much my own, as that which I lead in this body."

"I love you," I said once more; and reaching out my weak hand, took hers, and carried it to my lips, and kissed it. Nor did she resist, but winced a little; and I could see her look upon me with a frown that was not unkindly, only sad and baffled. And then it seemed she made a call upon her resolution; plucked my hand towards her, herself at the same time leaning somewhat forward, and laid it on the beating of her heart. "There," she cried, "you feel the very footfall of my life. It only moves for you; it is yours. But is it even mine? It is mine indeed to offer you, as I might take the coin from my neck, as I might break a live branch from a tree, and give it to you. And yet not mine! I dwell, or I think I dwell (if I exist at all), somewhere apart, an impotent prisoner, and carried about and deafened by a mob that I disown. This capsule, such as throbs against the sides of animals, knows you at a touch for its master; ay, it loves you! But my soul, does my soul? I think not; I know not, fearing to ask.

ils conçoivent la dignité du dessein – l'horreur du vécu s'efface de leur mémoire. C'est nous qui restons chez nous avec le mal, qui nous souvenons, je pense, et qui sommes avertis et qui avons pitié. Partez plutôt, partez sur l'heure et gardez-moi présente à l'esprit. J'aurai ainsi une vie dans les lieux chéris de votre mémoire : une vie qui sera autant mienne que celle que je mène à présent dans ce corps.

— Je vous aime », dis-je une fois de plus. Étendant ma main affaiblie, je pris la sienne, la portai à mes lèvres et la baisai. Elle ne résista pas, mais tressaillit légèrement ; et je pus voir qu'elle me regardait avec un froncement de sourcil qui n'était pas malveillant, mais seulement triste et perplexe. Et puis elle sembla faire appel à sa résolution ; elle attira ma main à elle tout en se penchant elle-même un peu en avant, et la posa sur le battement de son cœur. « Tenez ! s'écria-t-elle. Vous sentez la marche même de ma vie. Il ne frémit que pour vous ; il est à vous. Mais est-il seulement à moi ? Il est à moi pour vous l'offrir, comme je pourrais enlever cette monnaie de mon cou, comme je pourrais briser une branche d'arbre vivante et vous la donner. Et pourtant il n'est pas à moi ! J'habite, ou je crois que j'habite (si j'existe vraiment) un peu à l'écart, prisonnière impuissante, entraînée et abasourdie par une foule que je renie. Cet organe, tel qu'il en palpite contre le flanc des animaux, vous reconnaît à votre contact pour son maître, oui, et vous aime ! Mais mon âme, mon âme vous aime-t-elle ? Je ne le pense pas ; je ne sais pas, car j'ai peur de le demander.

Yet when you spoke to me your words were of the soul; it is of the soul that you ask – it is only from the soul that you would take me."

"Olalla," I said, "the soul and the body are one, and mostly so in love. What the body chooses, the soul loves; where the body clings, the soul cleaves; body for body, soul to soul, they come together at God's signal; and the lower part (if we can call aught low) is only the footstool and foundation of the highest."

"Have you," she said, "seen the portraits in the house of my fathers? Have you looked at my mother or at Felipe? Have your eyes never rested on that picture that hangs by your bed? She who sat for it died ages ago; and she did evil in her life. But, look again: there is my hand to the least line, there are my eyes and my hair. What is mine, then, and what am I? If not a curve in this poor body of mine (which you love, and for the sake of which you dotingly dream that you love me), not a gesture that I can frame, not a tone of my voice, not any look from my eyes, no, not even now when I speak to him I love, but has belonged to others? Others, ages dead, have wooed other men with my eyes; other men have heard the pleading of the same voice that now sounds in your ears. The hands of the dead are in my bosom; they move me, they pluck me, they guide me;

Pourtant, quand vous m'avez parlé, vos paroles venaient de l'âme; c'est à l'âme que vous vous adressez – c'est de votre âme seule que vient votre désir de me prendre.

— Olalla, lui dis-je, l'âme et le corps ne font qu'un, surtout en amour. Ce que le corps choisit, l'âme le chérit; où le corps s'accroche, l'âme adhère; corps et corps, âme et âme s'unissent au signal de Dieu; et la partie inférieure (si nous pouvons qualifier d'inférieur quoi que ce soit) n'est que le piédestal et la fondation de la partie la plus haute.

— Avez-vous vu, demanda-t-elle, les portraits qui sont dans la maison de mes pères? Avez-vous regardé ma mère ou Felipe? Vos yeux ont-ils jamais contemplé ce portrait qui est suspendu près de votre lit? Celle qui a posé pour lui est morte depuis des générations et elle a fait du mal pendant sa vie. Mais regardez bien de nouveau; c'est ma main, jusqu'au moindre trait, ce sont mes yeux et mes cheveux. Qu'est-ce donc qui est à moi et que suis-je? S'il n'y a pas une courbe de ce pauvre corps (que vous aimez et à cause duquel vous rêvez follement que vous m'aimez), pas un geste que je puisse faire, pas une intonation de ma voix, pas un regard de mes yeux, alors même que je parle à celui que j'aime, qui n'ait appartenu à d'autres femmes? D'autres femmes, mortes depuis des siècles, ont charmé d'autres hommes avec mes yeux; d'autres hommes ont entendu plaider la voix qui résonne maintenant à vos oreilles. Les mains des morts sont dans mon sein: elles me manient, elles me soulèvent, elles me mènent;

I am a puppet at their command; and I but re-inform features and attributes that have long been laid aside from evil in the quiet of the grave. Is it me you love, friend? or the race that made me? The girl who does not know and cannot answer for the least portion of herself? or the stream of which she is a transitory eddy, the tree of which she is the passing fruit? The race exists; it is old, it is ever young, it carries its eternal destiny in its bosom; upon it, like waves upon the sea, individual succeeds to individual, mocked with a semblance of self-control, but they are nothing. We speak of the soul, but the soul is in the race."

"You fret against the common law," I said. "You rebel against the voice of God, which He has made so winning to convince, so imperious to command. Hear it, and how it speaks between us! Your hand clings to mine, your heart leaps at my touch, the unknown elements of which we are compounded awake and run together at a look; the clay of the earth remembers its independent life and yearns to join us; we are drawn together as the stars are turned about in space, or as the tides ebb and flow, by things older and greater than we ourselves."

"Alas!" she said, "what can I say to you? My fathers, eight hundred years ago, ruled all this province: they were wise, great,

je suis une marionnette à leur discrétion et je ne fais que réincarner des traits et des qualités qui reposent depuis longtemps loin du mal dans la tranquillité du tombeau. Est-ce moi que vous aimez, mon ami, ou la race qui m'a faite ? La fille qui ne peut pas répondre de la moindre portion d'elle-même, ou le courant dont elle n'est qu'un tourbillon passager, l'arbre dont elle n'est que le fruit éphémère ? C'est la race qui existe ; elle est vieille et toujours jeune, elle porte sa destinée éternelle en son sein. Les individus y succèdent aux individus comme les vagues de la mer, leurrés par un semblant d'empire sur eux-mêmes, mais ils ne sont rien. Nous parlons de l'âme, mais l'âme est dans la race.

— Vous vous insurgez contre la loi commune, dis-je. Vous vous révoltez contre la voix de Dieu, qu'il a faite si persuasive pour convaincre, si impérieuse pour commander. Écoutez-la, écoutez comme elle parle entre nous ! Votre main s'accroche à la mienne, votre cœur bondit à mon toucher, les éléments inconnus dont nous sommes composés s'éveillent et s'élancent les uns vers les autres au moindre regard ; l'argile de la terre se souvient en nous de sa vie indépendante et aspire à nous unir ; nous sommes attirés l'un vers l'autre comme les étoiles tournent dans l'espace ou comme les marées ont leur flux et leur reflux, en vertu de forces plus anciennes et plus grandes que nous-mêmes.

— Hélas ! répondit-elle, que puis-je vous dire ? Mes aïeux, voilà huit cents ans, gouvernaient toute cette province. Ils étaient sages, grands,

cunning, and cruel; they were a picked race of the Spanish; their flags led in war; the king called them his cousins; the people, when the rope was slung for them or when they returned and found their hovels smoking, blasphemed their name. Presently a change began. Man has risen; if he has sprung from the brutes, he can descend again to the same level. The breath of weariness blew on their humanity and the cords relaxed; they began to go down; their minds fell on sleep, their passions awoke in gusts, heady and senseless like the wind in the gutters of the mountains; beauty was still handed down, but no longer the guiding wit nor the human heart; the seed passed on, it was wrapped in flesh, the flesh covered the bones, but they were the bones and the flesh of brutes, and their mind was as the mind of flies. I speak to you as I dare; but you have seen for yourself how the wheel has gone backward with my doomed race. I stand, as it were, upon a little rising ground in this desperate descent, and see both before and behind, both what we have lost and to what we are condemned to go farther downward. And shall I – I that dwell apart in the house of the dead, my body, loathing its ways – shall I repeat the spell? Shall I bind another spirit, reluctant as my own, into this bewitched and tempest-broken tenement that I now suffer in?

rusés et cruels. Leur race était la fine fleur de l'Espagne. À la guerre, leurs étendards flottaient en tête. Le roi les appelait ses cousins. Les petites gens, quand on préparait la corde pour les pendre, ou quand ils revenaient pour trouver leurs chaumières fumantes, blasphémaient leurs noms. Mais bien vite un changement est survenu. L'homme s'est révolté. Si l'homme s'est élevé d'entre les bêtes, il peut redescendre à leur niveau. Un souffle de lassitude passa sur leur humanité, et leurs fibres se relâchèrent. Ils commencèrent à décliner. Leurs esprits tombèrent en sommeil, leurs passions s'éveillèrent en bourrasques impétueuses et irraisonnées comme le vent qui s'engouffre dans les gorges des montagnes. La beauté était toujours transmise, mais plus l'esprit conducteur ni le cœur humain ; la graine se perpétuait, elle était enveloppée de chair, la chair couvrait les os, mais c'étaient des os et une chair de brutes et leur esprit était comme l'esprit d'une mouche. Je vous parle comme je l'ose, mais vous avez vu par vous-même combien la roue a tourné à reculons pour ma race condamnée. Je me trouve juchée en quelque sorte sur une petite élévation dans cette dégringolade sans espoir, et je vois à la fois par-devant et par-derrière, aussi bien ce que nous avons perdu que ce vers quoi nous sommes contraints d'aller en tombant plus bas. Et vais-je – moi qui demeure à part dans cette maison des morts qu'est mon corps, en détestant ses tendances –, vais-je renouveler la malédiction ? Vais-je lier un autre esprit, récalcitrant comme le mien, à cet habitat ensorcelé et dévasté où je souffre à présent ?

Shall I hand down this cursed vessel of humanity, charge it with fresh life as with fresh poison, and dash it, like a fire, in the faces of posterity? But my vow has been given; the race shall cease from off the earth. At this hour my brother is making ready; his foot will soon be on the stair; and you will go with him and pass out of my sight for ever. Think of me sometimes as one to whom the lesson of life was very harshly told, but who heard it with courage; as one who loved you indeed, but who hated herself so deeply that her love was hateful to her; as one who sent you away and yet would have longed to keep you for ever; who had no dearer hope than to forget you, and no greater fear than to be forgotten."

She had drawn towards the door as she spoke, her rich voice sounding softer and farther away; and with the last word she was gone, and I lay alone in the moonlit chamber. What I might have done had not I lain bound by my extreme weakness, I know not; but as it was there fell upon me a great and blank despair. It was not long before there shone in at the door the ruddy glimmer of a lantern, and Felipe coming, charged me without a word upon his shoulders, and carried me down to the great gate, where the cart was waiting. In the moonlight the hills stood out sharply,

Transmettrai-je ce maudit vaisseau d'humanité, le remplirai-je d'une vie nouvelle comme d'un poison nouveau et le lancerai-je comme un feu au visage de la postérité? Mais j'ai prononcé mon vœu. La race s'éteindra sur la terre. À cette heure, mon frère est en train de se préparer; il va bientôt monter l'escalier; vous vous en irez avec lui, et vous disparaîtrez à jamais de ma vue. Pensez à moi quelquefois comme à une créature à qui la leçon de la vie a été donnée de façon très rude, mais qui l'a entendue avec courage; comme à un être qui vous aimait certes, mais qui se haïssait si profondément que son amour lui fut odieux; comme à une malheureuse qui vous a renvoyé alors qu'elle eût voulu vous garder à jamais; comme à celle qui n'avait pas de plus cher espoir que de vous oublier ni de plus grande crainte que d'être oubliée. »

Elle s'était rapprochée de la porte tout en parlant, sa voix si riche résonnant plus douce et plus lointaine; et elle disparut avec son dernier mot, me laissant seul couché dans la chambre baignée de lune. Qu'aurais-je pu faire si je n'avais été ligoté par mon extrême faiblesse, je ne sais; mais en l'occurrence, un grand, un morne désespoir s'abattit sur moi. Il ne s'écoula pas beaucoup de temps avant que la lueur rougeoyante d'une lanterne brillât à la porte et que Felipe, venant à moi, me chargeât sans mot dire sur ses épaules et me portât en bas jusqu'au portail, où la charrette attendait. Les montagnes se découpaient avec une grande netteté sous la lune,

as if they were of cardboard; on the glimmering surface of the plateau, and from among the low trees which swung together and sparkled in the wind, the great black cube of the residencia stood out bulkily, its mass only broken by three dimly lighted windows in the northern front above the gate. They were Olalla's windows, and as the cart jolted onwards I kept my eyes fixed upon them till, where the road dipped into a valley, they were lost to my view for ever. Felipe walked in silence beside the shafts, but from time to time he would check the mule and seem to look back upon me; and at length drew quite near and laid his hand upon my head. There was such kindness in the touch, and such a simplicity, as of the brutes, that tears broke from me like the bursting of an artery.

"Felipe," I said, "take me where they will ask no questions."

He said never a word, but he turned his mule about, end for end, retraced some part of the way we had gone, and, striking into another path, led me to the mountain village, which was, as we say in Scotland, the kirk-town of that thinly peopled district. Some broken memories dwell in my mind of the day breaking over the plain, of the cart stopping, of arms that helped me down, of a bare room into which I was carried, and of a swoon that fell upon me like sleep.

comme si elles avaient été en carton. Sur la sur-face chatoyante du plateau, parmi les arbres bas qui se balançaient ensemble et qui étincelaient dans le vent, le grand cube noir de la residencia se détachait massivement, rompu seulement par trois fenêtres faiblement éclairées de la façade nord au-dessus du portail. C'étaient les fenêtres d'Olalla ; et tandis que la charrette avançait en cahotant, je gardai les yeux fixés sur elles jusqu'au moment où la route plongea dans la vallée et où elles furent perdues à jamais pour mes regards. Felipe mar-chait en silence à côté des brancards, mais de temps à autre il arrêtait la mule afin, semblait-il, de me considérer ; et en fin de compte, il vint tout près de moi et posa sa main sur ma tête. Il y avait une telle bonté dans cet attouchement, et une telle simplicité, quasi animale, que les larmes jail-lirent de mes yeux comme le sang d'une artère rompue.

« Felipe, lui dis-je, emmène-moi quelque part où on ne me posera pas de questions. »

Il ne répondit pas un mot, mais fit faire à sa mule un demi-tour complet, et nous revînmes partiellement sur nos pas ; puis il prit un autre chemin et me conduisit au village de montagne qui était le bourg-église (comme nous disons en Écosse) de ce district maigrement peuplé. Mon esprit a gardé quelques images isolées du jour se levant sur la plaine, de la charrette s'arrêtant, de bras m'aidant à descendre, d'une chambre nue où je fus transporté et d'un évanouissement qui s'em-para de moi comme un sommeil.

The next day and the days following the old priest was often at my side with his snuff-box and prayer-book, and after a while, when I began to pick up strength, he told me that I was now on a fair way to recovery, and must as soon as possible hurry my departure; whereupon, without naming any reason, he took snuff and looked at me sideways. I did not affect ignorance; I knew he must have seen Olalla. "Sir," said I, "you know that I do not ask in wantonness. What of that family?"

He said they were very unfortunate; that it seemed a declining race, and that they were very poor and had been much neglected.

"But she has not," I said. "Thanks, doubtless, to yourself, she is instructed and wise beyond the use of women."

"Yes," he said; "the Señorita is well informed. But the family has been neglected."

"The mother?" I queried.

"Yes, the mother too," said the Padre, taking snuff. "But Felipe is a well-intentioned lad."

"The mother is odd?" I asked.

"Very odd," replied the priest.

"I think, sir, we beat about the bush," said I. "You must know more of my affairs than you allow. You must know my curiosity to be justified on many grounds. Will you not be frank with me?"

"My son," said the old gentleman, "I will be very frank with you on matters within my competence;

Le lendemain et les jours suivants, le vieux prêtre fut souvent à mon chevet avec sa tabatière et son bréviaire, et au bout de quelque temps, lorsque je commençai à reprendre des forces, il me dit que j'étais maintenant en bonne voie de rétablissement et que je devais hâter autant que possible mon départ; sur quoi, sans me donner pour cela aucune raison, il prit une pincée de tabac et me regarda de biais. Je n'affectai pas l'ignorance, pensant qu'il devait avoir vu Olalla. « Monsieur, lui dis-je, vous savez que je ne pose pas cette question par vaine curiosité: qu'en est-il de cette famille? »

Il me répondit que c'étaient des infortunés, que leur race semblait être en déclin, qu'ils étaient très pauvres et que leur éducation avait été très négligée.

« Mais pas la sienne, dis-je. Grâce à vous sans doute, elle est plus instruite et plus sage que ne le sont la plupart des femmes.

— Oui, me dit-il, la señorita a reçu une bonne formation. Mais la famille est restée inculte.

— La mère? demandai-je.

— Oui, la mère aussi, dit le Padre en prisant de nouveau. Mais Felipe est un garçon bien intentionné.

— La mère est bizarre? demandai-je.

— Très bizarre, répondit le prêtre.

— Je crois, monsieur, que nous tournons autour du pot, dis-je. Vous devez en savoir plus long sur mon compte que vous ne l'admettez. Vous devez savoir aussi que ma curiosité est justifiée à plus d'un titre. Ne voulez-vous pas être franc avec moi?

— Mon fils, dit le vieillard, je suis tout disposé à être franc avec vous sur les questions qui sont de ma compétence;

on those of which I know nothing it does not require much discretion to be silent. I will not fence with you, I take your meaning perfectly; and what can I say, but that we are all in God's hands, and that His ways are not as our ways? I have even advised with my superiors in the church, but they, too, were dumb. It is a great mystery."

"Is she mad?" I asked.

"I will answer you according to my belief. She is not," returned the Padre, "or she was not. When she was young – God help me, I fear I neglected that wild lamb – she was surely sane; and yet, although it did not run to such heights, the same strain was already notable; it had been so before her in her father, ay, and before him, and this inclined me, perhaps, to think too lightly of it. But these things go on growing, not only in the individual but in the race."

"When she was young," I began, and my voice failed me for a moment, and it was only with a great effort that I was able to add, "was she like Olalla?"

"Now God forbid!" exclaimed the Padre. "God forbid that any man should think so slightingly of my favourite penitent. No, no; the Señorita (but for her beauty, which I wish most honestly she had less of) has not a hair's resemblance to what her mother was at the same age.

sur celles dont je ne sais rien, point n'est besoin de beaucoup de discrétion pour garder le silence. Je ne jouerai pas au plus fin avec vous. Je comprends parfaitement à quoi vous faites allusion ; et que puis-je dire si ce n'est que nous sommes tous dans les mains de Dieu et que Ses voies ne sont pas nos voies ? J'ai même pris conseil de mes supérieurs dans l'Église, mais eux aussi sont restés muets. C'est un grand mystère.

— Est-elle folle ? demandai-je.

— Je vous répondrai selon ce que je crois. Elle ne l'est pas, répondit le Padre, ou du moins elle ne l'était pas. Dans sa jeunesse – Dieu me vienne en aide, je crains d'avoir négligé cette brebis farouche – elle était sûrement saine d'esprit ; et pourtant la même tendance, bien que moins accusée, était déjà notable ; il en avait été de même avant elle chez son père, oui, et même avant lui, et c'est peut-être ce qui m'a poussé à en faire trop peu de cas. Mais ces choses continuent à se développer non seulement dans l'individu, mais dans la race.

— Dans sa jeunesse... », commençai-je. Ici la voix me manqua un instant, et ce fut avec un grand effort que je fus capable d'ajouter : « Était-elle comme Olalla ?

— À Dieu ne plaise ! s'écria le Padre. À Dieu ne plaise que qui que ce soit se fasse une aussi piètre idée de ma pénitente préférée ! Non, non ; la señorita (hormis pour sa beauté, dont je souhaiterais sincèrement qu'elle fût moindre) ne ressemble en rien à ce que sa mère était au même âge.

I could not bear to have you think so; though, Heaven knows, it were, perhaps, better that you should."

At this, I raised myself in bed, and opened my heart to the old man; telling him of our love and of her decision, owning my own horrors, my own passing fancies, but telling him that these were at an end; and with something more than a purely formal submission, appealing to his judgment.

He heard me very patiently and without surprise; and when I had done, he sat for some time silent. Then he began: "The church," and instantly broke off again to apologise. "I had forgotten, my child, that you were not a Christian," said he. "And indeed, upon a point so highly unusual, even the church can scarce be said to have decided. But would you have my opinion? The Señorita is, in a matter of this kind, the best judge; I would accept her judgment."

On the back of that he went away, nor was he thenceforward so assiduous in his visits; indeed, even when I began to get about again, he plainly feared and deprecated my society, not as in distaste but much as a man might be disposed to flee from the riddling sphinx. The villagers, too, avoided me; they were unwilling to be my guides upon the mountain. I thought they looked at me askance, and I made sure that the more superstitious crossed themselves on my approach.

Je ne pourrais pas supporter que vous ayez pareille pensée, quoique, Dieu sait s'il vaudrait mieux, peut-être, que vous l'eussiez. »

À ces mots, je m'assis dans mon lit et j'ouvris mon cœur au vieillard, lui parlant de notre amour et de la décision d'Olalla, avouant mes propres terreurs, mes propres fantasmes passagers, mais l'assurant qu'ils avaient pris fin, et en appelant à son jugement avec davantage qu'une soumission de pure forme.

Il m'écouta très patiemment et sans surprise, et, quand j'eus terminé, il resta quelque temps silencieux. Puis il commença: « L'Église », et s'interrompit aussitôt pour s'excuser: « J'avais oublié, mon enfant, que vous n'êtes pas chrétien, dit-il. Et à vrai dire, sur un point aussi hautement exceptionnel, on ne peut pas vraiment dire que l'Église elle-même se soit prononcée. Mais voulez-vous connaître mon opinion? La señorita, en pareille matière, est le meilleur juge; j'accepterais son verdict. »

Là-dessus il s'en alla et désormais il ne fut plus aussi assidu dans ses visites; de fait, même lorsque je recommençai à aller et venir, il redouta et évita clairement ma compagnie, non par aversion, semblait-il, mais comme un homme qui fuirait les énigmes d'un sphinx. Les villageois, eux aussi, m'évitaient; ils répugnaient à me servir de guides dans la montagne. Il me parut qu'ils me regardaient d'un mauvais œil, et je vis nettement que les plus superstitieux se signaient à mon approche.

At first I set this down to my heretical opinions; but it began at length to dawn upon me that if I was thus redoubted it was because I had stayed at the residencia. All men despise the savage notions of such peasantry; and yet I was conscious of a chill shadow that seemed to fall and dwell upon my love. It did not conquer, but I may not deny that it restrained my ardour.

Some miles westward of the village there was a gap in the sierra, from which the eye plunged direct upon the residencia; and thither it became my daily habit to repair. A wood crowned the summit; and just where the pathway issued from its fringes, it was overhung by a considerable shelf of rock, and that, in its turn, was surmounted by a crucifix of the size of life and more than usually painful in design. This was my perch; thence, day after day, I looked down upon the plateau, and the great old house, and could see Felipe, no bigger than a fly, going to and fro about the garden. Sometimes mists would draw across the view, and be broken up again by mountain winds; sometimes the plain slumbered below me in unbroken sunshine; it would sometimes be all blotted out by rain. This distant post, these interrupted sights of the place where my life had been so strangely changed, suited the indecision of my humour. I passed whole days there, debating with myself the various elements of our position; now leaning to the suggestions of love, now giving an ear to prudence, and in the end halting irresolute between the two.

Tout d'abord, j'attribuai cela à mes opinions héré-
tiques, mais peu à peu je finis par me rendre compte
que, si l'on me redoutait de la sorte, c'était parce
que j'avais séjourné à la residencia. Tout le monde
méprise les croyances primitives que nourrissent
pareils paysans, et pourtant j'eus le sentiment
qu'une ombre glacée était tombée pour demeurer
sur mon amour. Elle n'en eut pas raison, mais je ne
puis nier qu'elle diminua mon ardeur.

Quelques milles à l'ouest du village, il y avait une
brèche dans la sierra, d'où le regard plongeait droit
sur la residencia ; et ce fut bientôt mon habitude
quotidienne de m'y rendre. Un bois couronnait
le sommet, et juste là où le sentier franchissait sa
lisière, il était surplombé par une énorme dalle
rocheuse, surmontée elle-même d'un crucifix grandeur nature et d'une facture exprimant spécia-
lement bien la douleur. C'était mon perchoir ; de
là, jour après jour, je regardais en bas le plateau, la
grande et vieille maison, et je voyais Felipe, pas plus
gros qu'une mouche, aller et venir dans le jardin.
Quelquefois des brouillards couvraient la vue, puis
se faisaient déchirer par les vents des montagnes ;
parfois la plaine sommeillait au-dessous de moi dans
un soleil ininterrompu ; parfois encore elle était
toute voilée par la pluie. Ce poste éloigné, ces aper-
çus intermittents de l'endroit où ma vie avait été
si étrangement changée convenaient à l'indécision
de mon humeur. Je passais là des journées entières
à débattre avec moi-même les divers éléments de
notre situation ; tantôt cédant aux suggestions de
l'amour, tantôt prêtant l'oreille à la prudence, et
pour finir restant irrésolu entre les deux partis.

One day, as I was sitting on my rock, there came by that way a somewhat gaunt peasant wrapped in a mantle. He was a stranger, and plainly did not know me even by repute; for, instead of keeping the other side, he drew near and sat down beside me, and we had soon fallen in talk. Among other things he told me he had been a muleteer, and in former years had much frequented these mountains; later on, he had followed the army with his mules, had realised a competence, and was now living retired with his family.

"Do you know that house?" I inquired, at last, pointing to the residencia, for I readily wearied of any talk that kept me from the thought of Olalla.

He looked at me darkly and crossed himself.

"Too well," he said, "it was there that one of my comrades sold himself to Satan; the Virgin shield us from temptations! He has paid the price; he is now burning in the reddest place in Hell!"

A fear came upon me; I could answer nothing; and presently the man resumed, as if to himself: "Yes," he said, "O yes, I know it. I have passed its doors. There was snow upon the pass, the wind was driving it; sure enough there was death that night upon the mountains, but there was worse beside the hearth. I took him by the arm, Señor, and dragged him to the gate; I conjured him, by all he loved and respected, to go forth with me; I went on my knees before him in the snow; and I could see he was moved by my entreaty.

Un jour que j'étais assis sur mon rocher s'en vint par là un paysan assez efflanqué, enveloppé dans un manteau. C'était un étranger qui, manifestement, ne me connaissait même pas de réputation ; car, au lieu de rester à distance, il s'approcha et s'assit à côté de moi, et nous ne tardâmes pas à entrer en conversation. Il me dit entre autres qu'il avait été muletier et que, dans les années passées, il avait beaucoup fréquenté ces montagnes. Plus tard, il avait suivi l'armée avec ses mules et amassé quelque bien, et il vivait maintenant retiré avec sa famille.

« Connaissez-vous cette maison ? » demandai-je enfin en désignant la residencia, car je me fatiguais vite de toute conversation qui m'éloignait de la pensée d'Olalla.

Il me regarda d'un air sombre et se signa.

« Trop bien, dit-il. C'est là qu'un de mes camarades s'est vendu à Satan. Que la Vierge nous garde des tentations ! Il a payé le prix ; il brûle à cette heure au plus rouge de l'enfer ! »

Je fus saisi de crainte. Je ne pus rien répondre ; et bientôt l'homme reprit, comme se parlant à lui-même : « Si je la connais ! oh oui ! J'en ai franchi les portes. Il y avait de la neige au col, le vent la balayait. Sûr que la mort rôdait dans les montagnes, cette nuit-là, mais il y avait pire au coin du feu. Je l'ai pris par le bras, señor, et je l'ai entraîné jusqu'au portail ; je l'ai conjuré par tout ce qu'il aimait et respectait de venir avec moi ; je me suis mis à genoux devant lui dans la neige, et j'ai bien vu que mes supplications le touchaient.

And just then she came out on the gallery, and called him by his name; and he turned, and there was she standing with a lamp in her hand and smiling on him to come back. I cried out aloud to God, and threw my arms about him, but he put me by, and left me alone. He had made his choice; God help us. I would pray for him, but to what end? there are sins that not even the Pope can loose."

"And your friend," I asked, "what became of him?"

"Nay, God knows," said the muleteer. "If all be true that we hear, his end was like his sin, a thing to raise the hair."

"Do you mean that he was killed?" I asked.

"Sure enough, he was killed," returned the man. "But how? Ay, how? But these are things that it is sin to speak of."

"The people of that house..." I began.

But he interrupted me with a savage outburst. "The people?" he cried. "What people? There are neither men nor women in that house of Satan's! What? have you lived here so long, and never heard?" And here he put his mouth to my ear and whispered, as if even the fowls of the mountain might have overheard and been stricken with horror.

What he told me was not true, nor was it even original; being, indeed, but a new edition, vamped up again by village ignorance and superstition, of stories nearly as ancient as the race of man. It was rather the application that appalled me.

Mais juste à ce moment-là, elle est sortie sur la galerie et elle l'a appelé par son nom ; et il s'est retourné et elle se tenait là, une lampe à la main, et son sourire lui disait de revenir. J'ai imploré Dieu tout haut et j'ai jeté mon bras autour de mon ami, mais il m'a écarté et il m'a planté là. Il avait fait son choix, Dieu nous vienne en aide. Je prierais bien pour lui, mais à quoi bon ? Il y a des péchés que le pape lui-même ne saurait absoudre.

— Et votre ami, demandai-je, qu'est-il advenu de lui ?

— Dieu seul le sait, dit le muletier. Si tout ce qu'on entend dire est vrai, sa fin a été comme son péché, une chose à faire se dresser les cheveux sur la tête.

— Vous voulez dire qu'il a été tué ? demandai-je.

— Pour sûr qu'il a été tué, répondit l'homme. Mais comment ça ? oui, comment ça ? Il y a des choses dont c'est péché de parler.

— Les gens de cette maison... », commençai-je.

Mais il m'interrompit avec une explosion farouche. « Quels gens ? s'écria-t-il. Il n'y a ni hommes ni femmes dans cette maison de Satan ! Eh quoi ! avez-vous vécu ici sans jamais l'entendre dire ? » Là, il approcha sa bouche contre mon oreille et se mit à chuchoter, comme si même les oiseaux de la montagne avaient pu l'entendre et être frappés d'horreur.

Ce qu'il me dit n'était pas vrai, ni même original ; ce n'était que la réédition réinventée par l'ignorance et la superstition villageoises d'histoires presque aussi anciennes que la race humaine. Ce fut plutôt l'application qui en était faite qui m'épouvanta.

In the old days, he said, the church would have burned out that nest of basilisks; but the arm of the church was now shortened; his friend Miguel had been unpunished by the hands of men, and left to the more awful judgment of an offended God. This was wrong; but it should be so no more. The Padre was sunk in age; he was even bewitched himself; but the eyes of his flock were now awake to their own danger; and some day – ay, and before long – the smoke of that house should go up to heaven.

He left me filled with horror and fear. Which way to turn I knew not; whether first to warn the Padre, or to carry my ill-news direct to the threatened inhabitants of the residencia. Fate was to decide for me; for, while I was still hesitating, I beheld the veiled figure of a woman drawing near to me up the pathway. No veil could deceive my penetration; by every line and every movement I recognised Olalla; and keeping hidden behind a corner of the rock, I suffered her to gain the summit. Then I came forward. She knew me and paused, but did not speak; I, too, remained silent; and we continued for some time to gaze upon each other with a passionate sadness.

"I thought you had gone," she said at length. "It is all that you can do for me – to go. It is all I ever asked of you. And you still stay. But do you know that every day heaps up the peril of death, not only on your head, but on ours?

Au temps jadis, me dit-il, l'Église aurait brûlé ce nid de vipères; mais le bras de l'Église s'était désormais raccourci; son ami Miguel n'avait pas été châtié par la main des hommes, il avait été abandonné au jugement plus redoutable d'un Dieu offensé. Ce n'était pas bien; mais cela ne se reproduirait plus. Le Padre était très avancé en âge; on l'avait ensorcelé lui aussi; mais les yeux de ses ouailles étaient ouverts à présent au danger, et un jour – oui, et avant longtemps – la fumée de cette maison monterait vers le ciel.

· Il me laissa rempli d'horreur et de crainte. Je ne savais de quel côté me tourner. Devais-je avertir d'abord le Padre ou porter directement mes mauvaises nouvelles aux habitants menacés de la residencia? Le Destin devait en décider pour moi; car, tandis que j'hésitais encore, je vis la forme voilée d'une femme s'approcher de moi sur le chemin. Aucun voile ne pouvait tromper ma pénétration: à chaque trait et à chaque mouvement je reconnus Olalla; et, restant caché derrière une saillie du roc, je la laissai atteindre le sommet. Puis je m'avançai. Elle me reconnut et s'arrêta, mais sans parler. Moi aussi, je gardai le silence, et nous restâmes quelque temps à nous regarder l'un l'autre avec une tristesse passionnée.

« Je vous croyais parti, dit-elle enfin. C'est tout ce que vous pouvez faire pour moi – partir. C'est tout ce que je vous ai jamais demandé. Et vous êtes toujours là. Mais savez-vous que chaque jour amasse un péril de mort non seulement sur votre tête, mais sur les nôtres?

A report has gone about the mountain; it is thought you love me, and the people will not suffer it."

I saw she was already informed of her danger, and I rejoiced at it. "Olalla," I said, "I am ready to go this day, this very hour, but not alone."

She stepped aside and knelt down before the crucifix to pray, and I stood by and looked now at her and now at the object of her adoration, now at the living figure of the penitent, and now at the ghastly, daubed countenance, the painted wounds, and the projected ribs of the image. The silence was only broken by the wailing of some large birds that circled sidelong, as if in surprise or alarm, about the summit of the hills. Presently Olalla rose again, turned towards me, raised her veil, and, still leaning with one hand on the shaft of the crucifix, looked upon me with a pale and sorrowful countenance.

"I have laid my hand upon the cross," she said. "The Padre says you are no Christian; but look up for a moment with my eyes, and behold the face of the Man of Sorrows. We are all such as He was – the inheritors of sin; we must all bear and expiate a past which was not ours; there is in all of us – ay, even in me – a sparkle of the divine. Like Him, we must endure for a little while, until morning returns bringing peace. Suffer me to pass on upon my way alone; it is thus that I shall be least lonely, counting for my friend Him who is the friend of all the distressed;

Une rumeur a couru par la montagne. Les gens croient que vous m'aimez et ils ne le souffriront pas. »

Je vis qu'elle était déjà informée du danger pour elle et je m'en réjouis. « Olalla, dis-je, je suis prêt à partir aujourd'hui, sur l'heure, mais pas seul. »

Elle s'écarta de quelques pas et s'agenouilla devant le crucifix pour prier, et je restai là à regarder tantôt celle qui priait, tantôt l'objet de son adoration ; tantôt la forme vivante de la pénitente, tantôt la physionomie atroce, coloriée, les blessures peintes et les côtes saillantes de l'effigie. Le silence n'était rompu que par le cri plaintif de quelques grands oiseaux qui décrivaient des cercles obliques, comme sous l'effet de la surprise ou de l'alarme, vers le sommet des montagnes. Bientôt Olalla se releva, se tourna vers moi, souleva son voile et, s'appuyant toujours d'une main à l'arbre du crucifix, me considéra avec une physionomie pâle et attristée.

« J'ai posé ma main sur la croix, dit-elle. Le Padre dit que vous n'êtes pas chrétien ; mais regardez un moment avec mes yeux et contemplez la face de l'Homme des Douleurs. Nous sommes tous tel qu'il fut – les héritiers du péché ; nous devons tous supporter et expier un passé qui n'est pas le nôtre ; il y a en nous tous – oui, même en moi – une étincelle du divin. Comme Lui, nous devons souffrir un peu de temps, jusqu'à ce que l'aube revienne et ramène la paix. Laissez-moi poursuivre mon chemin seule ; c'est ainsi que je serai le moins solitaire, comptant comme mon ami Celui qui est l'ami de tous les êtres en détresse ;

it is thus that I shall be the most happy, having taken my farewell of earthly happiness, and willingly accepted sorrow for my portion."

I looked at the face of the crucifix, and, though I was no friend to images, and despised that imitative and grimacing art of which it was a rude example, some sense of what the thing implied was carried home to my intelligence. The face looked down upon me with a painful and deadly contraction; but the rays of a glory encircled it, and reminded me that the sacrifice was voluntary. It stood there, crowning the rock, as it still stands on so many highway sides, vainly preaching to passers-by, an emblem of sad and noble truths; that pleasure is not an end, but an accident; that pain is the choice of the magnanimous; that it is best to suffer all things and do well. I turned and went down the mountain in silence; and when I looked back for the last time before the wood closed about my path, I saw Olalla still leaning on the crucifix.

c'est ainsi que je serai le plus heureuse, ayant dit adieu au bonheur humain et accepté le chagrin de bon gré pour mon lot. »

Je regardai le visage du crucifix, et, bien que je ne fusse pas ami des images et que je méprisasse l'art imitatif et grimaçant dont il offrait un grossier exemple, quelque chose de ce qu'il impliquait parvint à mon intelligence. Le visage me regardait d'en haut avec une crispation douloureuse et mortelle ; mais les rayons d'une auréole de gloire l'encerclaient et me rappelaient que le sacrifice était volontaire. Il se tenait là, couronnant le rocher, comme il se tient au bord de tant de grandes routes, emblème de tristes et nobles vérités ; prêchant en vain aux passants que le plaisir n'est pas une fin, mais un accident, que la douleur est le choix des magnanimes, qu'il vaut mieux tout endurer et faire le bien. Je me détournai et descendis la montagne en silence, et quand je regardai derrière moi une dernière fois avant que le bois se refermât sur mon chemin, je vis Olalla toujours appuyée au crucifix.

DU MÊME AUTEUR

Dans la collection Folio Bilingue

LE DIAMANT DU RAJAH / *THE RAJAH'S DIAMOND. Traduction, préface et notes de Charles Ballarin* (n° 108)

L'ÉTRANGE CAS DU DR JEKYLL ET M. HYDE / *THE STRANGE CASE OF DR JEKYLL AND MR HYDE. Traduction, préface et notes de Charles Ballarin* (n° 29)

Dans la collection Folio

LA CHAUSSÉE DES MERRY MEN (Folio 2 € n° 4744)

LE CLUB DU SUICIDE (Folio 2 € n° 3934)

L'ÉTRANGE CAS DU DR JEKYLL ET DE MR HYDE (n° 3890)

L'ÎLE AU TRÉSOR (n° 3399)

LE MAÎTRE DE BALLANTRAE (n° 3382)

DANS LES MERS DU SUD (n° 1511)

DANS LA MÊME COLLECTION

ANGLAIS

ITALIEN

BARICCO *Seta* / Soie

BARICCO *Novecento. Un monologo* / Novecento : pianiste. Un monologue

BASSANI *Gli occhiali d'oro* / Les lunettes d'or

BOCCACE *Decameron, nove novelle d'amore* / Décameron, neuf nouvelles d'amour

CALVINO *Fiabe italiane* / Contes italiens

COLLECTIF (Verga, Pirandello, Consolo) *Novelle siciliane* / Nouvelles siciliennes

D'ANNUNZIO *Il Traghettatore ed altre novelle della Pescara* / Le passeur et autres nouvelles de la Pescara

DANTE *Divina Commedia* / La Divine Comédie (extraits)

DANTE *Vita Nuova* / Vie nouvelle

DE LUCA *Non ora, non quí* / Pas ici, pas maintenant

DE LUCA *Il peso della farfalla* / Le poids du papillon

GOLDONI *La Locandiera* / La Locandiera

GOLDONI *La Bottega del caffè* / Le Café

MACHIAVEL *Il Principe* / Le Prince

MALAPARTE *Il Sole è cieco* / Le Soleil est aveugle

MORANTE *Lo scialle andaluso ed altre novelle* / Le châle andalou et autres nouvelles

MORAVIA *L'amore conjugale* / L'amour conjugal

PASOLINI *Racconti romani* / Nouvelles romaines

PAVESE *La bella estate* / Le bel été

PAVESE *La spiaggia* / La plage

PAVESE *L'idolo e altri racconti* / L'idole et autres récits

PIRANDELLO *Novelle per un anno I (scelta)* / Nouvelles pour une année I (choix)

PIRANDELLO *Novelle per un anno II (scelta)* / Nouvelles pour une année II (choix)

PIRANDELLO *Sei personaggi in cerca d'autore* / Six personnages en quête d'auteur

PIRANDELLO *Vestire gli ignudi* / Vêtir ceux qui sont nus

SCIASCIA *Il contesto* / Le contexte

SVEVO *Corto viaggio sentimentale* / Court voyage sentimental

TABUCCHI *Cinema e altre novelle* / Cinéma et autres nouvelles

VASARI/CELLINI *Vite di artisti* / Vies d'artistes

VERGA *Cavalleria rusticana ed altre novelle* / Cavalleria rusticana et autres nouvelles

Composition PCA/CMB
Impression Maury Imprimeur
45330 Malesherbes
le 2 mai 2016.
Dépôt légal : mai 2016.
Numéro d'imprimeur : 208530 .

ISBN 978-2-07-046737-2. / Imprimé en France.